智元微库
OPEN MIND

成 长 也 是 一 种 美 好

拆商

解决你人生 99% 的难题

笛 子 ○ 著

人民邮电出版社

北京

图书在版编目（CIP）数据

拆商：解决你人生 99% 的难题 / 笛子著 . -- 北京 ：人民邮电出版社，2025. -- ISBN 978-7-115-65889-0

Ⅰ．G442

中国国家版本馆 CIP 数据核字第 2024ZK7675 号

◆ 　　著　　笛　子
　　责任编辑　杨汝娜
　　责任印制　周昇亮

◆人民邮电出版社出版发行　　北京市丰台区成寿寺路 11 号

邮编 100164　　电子邮件 315@ptpress.com.cn

网址 https://www.ptpress.com.cn

天津千鹤文化传播有限公司印刷

◆开本：880×1230　1/32

印张：9.5　　　　　　　　　2025 年 1 月第 1 版

字数：240 千字　　　　　　2025 年 8 月天津第 3 次印刷

定　价：59.80 元

读者服务热线：（010）67630125　印装质量热线：（010）81055316

反盗版热线：（010）81055315

自 序

你好！我是王奕迪，大家都叫我"笛子"。2020—2023 年，我的公司完成了将众多国货畅销海外的"小目标"。截至 2024 年 5 月，我在全球拥有 10 家公司。

在这里，我想先与你简单分享一下我的故事。

2016 年，我放弃了国内的律师职位，来到美国的凯斯西储大学攻读研究生学位。在此期间，我发现了商机，并创立了两家公司。2020 年年初，我跑了几十个城市，采购了几万只口罩，并在航班停运前搭乘最后一趟航班回到国内。

回国后，我意识到，国内产品的细分品类越来越多，各个平台的流量费用也越来越高。像我这样对国内市场不熟悉的人，很难立足。于是，我决定继续发挥自己的优势——做海外市场。就这样，我开启了跨境电商的创业之路。

最开始我是在亚马逊平台做电商，但是我意识到采用这样的业务模式并非长久之计，便带着团队做独立站。我投资了 300 万元，希望可以打造出自己的独立站品牌，但是只用了 7 个月，我们就"烧"光了这 300 万元，熬了无数个日夜，也没有看到希望。

于是，我带着团队对内容进行精雕细琢，一个画面一个画面地修改和调整。我们曾经为了打磨一条 20 秒的视频，在电脑前一坐就是整整 6 小时。经历了饱受煎熬的打磨过程，我们的投入产出比（ROI）一下子提升了两倍多。这也让我深刻意识到，要想提高产品在线上的传播效率，内容力一定是一个绕不过去的坎儿。

我确认了一件事：要反复打磨内容，要深耕于此。做事业、做品牌，选择难而正确的事，坚持下来，才能打破壁垒，创造属于自己的事业。

我不仅要求自己反复打磨内容，还打造了一支"内容铁军"。我们深刻地体会到，内容是最大的流量杠杆，也是品牌传播最核心的"灵魂药引"。所以，不管是独立站的广告投放、达人推广，还是后来在 TikTok（抖音国际版）等短视频直播平台上拓展业务，我们对内容的态度，让我们可以用最短的时间将自己的地基打牢，并厚积薄发，实现预期的效果。

我很喜欢一句话：做事业，既要看到短期的利益，也要看到长期的壁垒。

我之所以选择跨境电商这个赛道，是因为我切身感受到了国内的产品和营销都非常"卷"。这些年，互联网的飞速发展，使信息差的壁垒在慢慢消除，很多原本可以通过信息差赚钱的机会消失了。

而在海外，信息差是没有那么容易被消除的。我们可以利用不同地区的文化、人工成本、原材料成本等差异，去筛选合适的产品或服务，用我们更加擅长的流量获取方式和营销方式开拓海外市场。

我在创业路上也踩过很多坑。最惨痛的一次教训，是因为亚马逊"黑天鹅"事件，我亏了将近2000万元。每一次用钱和泪买来教训后，我都会复盘，因为我真的不想再经历一次了。而且，我希望自己不仅在事后有解决问题的能力，更要有事先预判和预防问题的本领。于是，我开始深入复盘、剖析、总结我所经历的每一件事，希望能将自己的头脑武装起来。

在一次次总结中，我发现自己不怕遇到问题了。就算遇到再难再复杂的问题，我也能勇往直前地对其进行拆解。我边拆解边想：等我拆解完，肯定能让这个问题的难度降低三级！然后我就能动力十足、信心满满地去面对它。很神奇，我遇到的问题真的就变得更简单，结果也变得更好了！

我从拆解问题中受益后，也很希望将这个方法分享给身边的人。在分享的过程中，我发现有些人不会拆解问题，有些人是定义错了问题，还有的人压根儿没有意识到存在问题。因此我觉得很有必要将自己这么多年积累的经验整理成书，将"发现问题—定义问题—拆解问题—解决问题—复盘—迭代"的逻辑闭环，以及"拆商"的系统性思维这套"组合拳"传授给读者，以帮助他们受益。

这套"组合拳"体现的就是人们拆解问题的能力，即我所称的拆商。我们常说智商、情商，后来又有了搜商、逆商，它们对我们的人生都非常重要。而我之所以提出"拆商"这个概念，是希望读者能和我一样，不再惧怕问题，不再被问题困扰，面对问题不再束手无策，而是可以拥有解决问题的能力，提升对自己人生的掌控感。

我相信，没有什么问题是不能拆解的。但在拆解问题之前，精准地发现和定义问题非常重要，踏实地复盘也很重要，拆商的提高是从量变到质变的过程。

本书共分为七章。第一章是对拆商概念的整体介绍；第二至第六章是对拆商的拆解和详述；第七章，是对拆商体系的整体总结，并运用这一体系深度剖析了我的创业历程，旨在让你对拆商有更具体和深入的了解。

我希望这本书可以给你的人生带来不一样的解题思路，能对你的生活或事业有所启发。

我相信，一个人如果仅仅将自己的业务做好，并不算真正的厉害。真正的厉害在于，他能够影响和提升周围的人，无论是员工、客户还是合作伙伴，让他们变得更好。而我，会一直走在这条路上。

添加我的企业微信，
与我一起成长

目 录

001

第一章

拆商，是每个人都应拥有的能力

第二章
发现问题

045

091

第三章
定义问题

第四章

拆解问题 123

第五章

复盘 167

第一章

拆商，
是每个人都应
拥有的**能力**

拆商，就是解决问题的能力

拆商（decompose quotients，DQ），全称为"拆解商数"，是指人们拆解问题的能力。不论是在事业上还是在生活中，拆商很高的人，总能在遇到事情时从容不迫地用自己的拆商解决好大大小小的问题，哪怕遇到了从未遇到过的问题和挑战，他们也能抓住问题的本质，不断地拆解问题，将其各个击破。这样的行为方式可以让他们在人生中一帆风顺，在人群中脱颖而出，成为生活的强者。

拆商高的人，善于精准地发现问题、定位问题、拆解问题。将大问题拆成小问题，将小问题拆成更小的问题，直到把问题拆解到他们能轻松处理的程度，并成功将其解决；同时，对不同的事情又能准确复盘，快速迭代，并通过系统性的思维让自己的人生更加井然有序。

从创业的角度来说，拆商是一个创业者成功的关键。创业是一个大问题，里面包含了很多复杂的环节。在实践中，我们会不断将创业的进度拆分成年度目标、季度目标、月度目标等，还会把任务拆分给不同部门、不同员工，并拆分出不同的执行细则，等等。为了让自己的企业蓬勃发展，企业家、创业者每天都在发挥自己的拆商，让事业目标按照自己规划的宏伟蓝图，一步步地实现。

同样的逻辑也适用于学习、科研、处理人际关系等生活中的方方面面。比如很擅长处理人际关系的人，拆商往往非常高。不论是家庭关系、情感关系还是朋友关系，这类人总能及时发现问题所在，精准找到核心问题，再一步步拆解。这样不仅不会在解决问题时让人际关系恶化，还会因为发生了有意义的沟通而让关系得到提升，变得越来越融洽。

相对而言，拆商不高的人，总是会被各种事情卡住。相信你在生活中一定遇到过这样的人，你问他："事情处理得怎么样了？"他会告诉你："由于某某问题还没解决，所以我不知道怎么往下推进，事情还停滞不前。"例如，有些人有创业的想法，但是真到实施的时候，如果问他们有什么具体的计划、要采取什么行动时，他们总会告诉你，因为各种因素的影响，还没开始行动。他们甚至会无限期地拖延下去。

如果他们不提升拆商，就很难主动去推进和解决问题，所有进程都要依靠他人的力量去推动。对他们来说，每件事情都可能有无数卡点，阻止计划的进一步推进。这个卡点在他们的眼前就像一堵难以翻越的墙。从表面上来看，事情进展不顺利是因为没有找到解决方案或运气不好，其实并不是真的没有解决方案，更不是运气的问题，而是他们没有看到本质的问题（真问题），更不会对这些问题进行合理地拆解并解决。当你读完这本书，并且经过不断学习和磨炼，提升了自己的拆商后，这些所谓的卡点就变成了一个个小小的门槛，轻轻松松就可以跨过去，不会绊住你的脚步。同时，这些卡点还会在你的身边形成一条"护城河"，让他人不能轻松复制你的成功，让你成为解决问题不可或缺的关键人物。

你是一个拆商高的人吗？如果你回答"是"，那么恭喜你，你已经获得了成功的充分条件；如果你回答"不是"，那么我也恭喜你，因为我希望通过这本书和你一起拆解问题，帮助你提升拆商。拆商不是与生俱来的能力（或者说天赋），而是须经过后天训练才得以形成的。以我为例，我以前觉得自己不算聪明，做任何事情都没有别人快，但经过多年来不断地萃取经验、勤加练习，总结出了拆商的底层逻辑和训练方法，让自己变成了一个在别人眼中很睿智，也很成功的人。

我将自己这些年的经验都写进了这本书里，希望可以帮你认识到拆商的重要性，帮助你有效提升拆商，使它成为你人生旅途中的强大"武器"。即便你本身已具备较高的拆商，这本书也可以让你对自己的行事逻辑有更清晰的认知，从而更快地解决问题，更好地做出决策。

"榨汁机"原理

为了能更好地说明拆商的用途，我提出了一个理论——"榨汁机"原理。

我们每个人的大脑，每天都要输入和输出各种信息，就像一台正在使用的榨汁机，放进新鲜的水果，榨制出鲜美的果汁。

信息多种多样，不论是每天接收的社会信息，还是对自我产生的新的认知和体会，抑或接触的人和事给我们带来的思考，都可以作为大脑这台"榨汁机"的输入信息。这些信息源源不断地输入"榨汁机"，经过"榨汁"的过程，再持续不断地输出。输出的信息又被我们转化成处理生活中问题的关键。输出也有多种形式，比如语言上的输出、行动上的输出等。语言上的输出可以是给别人传授一个经验，也可以是回答一个问题；行动上的输出可以是写文章、拍短视频、做直播，等等。

如果很久没有学习，我们会觉得大脑空空、不踏实。就像是一台很久没使用过的榨汁机，太久没有得到新鲜水果的滋养。这时候我们要做的就是尽快为大脑补充一些"新鲜水果"，从而获得源源不断的营养"果汁"。

这个"榨汁机"原理中，涉及两个很重要的能力。

第一个能力是筛选和输入。

要想输出质量好的"果汁"，我们先要保证放入"榨汁机"里的原料足够好，这就需要将两种错误原料排除在外。

第一种错误原料是错误的信息。我们生活在一个信息爆炸的时代，每天被各种短视频、文章链接、短信、微信轰炸，有数不清的信息主动或被动地找到我们。我们要学会甄别信息，判断正确与错误。错误的信息就像坏掉的水果，在最开始就要被筛除。

第二种错误原料是无用的信息。在筛选完正确信息之后，还要将正确但无用的信息排除。它们就像是很酸或没有味道的水果，虽然可以吃，但是影响果汁的品质。

我们常说的一个词——学习，这是输入的极佳渠道，但它其实可以拆分成学和习，也就是学和做。在学和做中间，有一条鸿沟，做到和做出成果之间，又有一条鸿沟。要想提升自己从学到习，再到高效地产出成果，那一定要不断优化自己的"榨汁机"，让自己的输入系统越来越强。

起初，你可能会觉得你的"榨汁机"在信息输入阶段损耗较大，比如在听课、看书、与卓越的人聊天和做事时，最初可能只能吸收 20%~30% 的有效信息。这就好比你买了 10 斤新鲜甜美的橙子，结果因为不会削皮，连皮带肉削掉了 8 斤，最后只剩 2 斤果肉放入榨汁机，非常可惜。因此，我们需要不断地进行训练和提升，以提高信息输入的效率，减少损耗，从而使大脑能更快地处理信息，更快地做出反应。

第二个能力是转化和输出。

在保证了输入的效率后，能够输出多少新鲜的"果汁"，就涉及转化率。把 2 斤果肉放入榨汁机，能榨出 300 毫升还是 500 毫升的果汁，取决于转化率。

所以，在转化层面，我们也要不断升级和优化"榨汁机"。例如可以将"榨汁机"的零件进行升级换代，从简易的"榨汁机"，一步一步升级为拥有更精良的零件与工艺的优质"榨汁机"。

我有一个令身边的人都很羡慕的能力：输出量比输入量更大。比如，我听完 1 小时的课程，可以立刻将课程的内容用更好的方式、更贴切的案例、更深入的剖析以及更便于落地的实操指导呈现出来，变成 2 小时的课程。

这听起来很难，但如果你像我一样，拥有优化自己"榨汁机"的意识，并且不断地积累和练习，提高其运转速度，将自己积累的知识形成底层逻辑并融会贯通，那么你也能做到。

我有一位朋友，他的直觉非常准，经常跳过思考过程直接判断出正确结果。上学时他参加竞赛是这样，看电影时猜凶手是这样，在工作中处理问题也是这样。很多人认为他的这种能力很"玄"，但其实，他是将自己的"榨汁机"用到了极致。

我对直觉的定义是，它是一种基于学识和经验而形成的判断力。我的朋友只是大脑的运转速度非常快，在潜意识里完成了转化的过程，直接将结论呈现出来。

在这本书里，我希望可以用拆商为你打造一个超强"榨汁机"，从而让你的大脑能更有效地输入，更快速地转化，更准确地输出。

我培养拆商的五个阶段

我培养拆商的过程，大致可以分为以下五个阶段。

第一个阶段：多想几步。

在 25 岁以前，我一直都觉得自己不是一个天赋很高、运气很好的人，"无脑"地做事，总会不断踩 "坑"：学习同样的内容，我总是比别人慢几步；如果我没有想好就去冒险，那一定会碰壁；要是我干了什么坏事（比如让同学帮我写作业），就一定会被发现，得到相应的教训。

我意识到，自己不能继续 "无脑" 地做事了，否则面对的只有踩不完的 "坑"。于是，我开始有意识地谋定而后动。在做任何事之前，我先罗列出每一种可能的选择，再将它们可能呈现的结果分别列出来，让自己养成预判的习惯。

最开始，罗列可能性和预判对我来说都很困难。但第一次预判正确后，我得到了很强的正反馈，开始对这样的思维习惯上瘾。

这样做的好处就是，我能在自己的世界里更好地预见问题。我将它称为在"一元世界"中挖掘深度。

第二个阶段：看见他人。

我发现，除了需要做好自己，还需要与其他人交流协作。由于一开始我将精力都放在了认真做事上，没有顾及他人的感受，也没有用好的方式和他人交流，导致我经历了很长一段时间"吃力不讨好"的阶段：认真做事，却不受大家欢迎；干最多的活，却要背最大的"锅"。

我逐渐明白，我不仅要在自己的"一元世界"里深度挖掘，更需要在有其他人参与的"二元世界"和"多元世界"里继续探寻。

每个人的成长环境不同，思维方式、做事风格都不同，我不能只在自己的世界里"自嗨"。于是，我开始尝试走进他人的世界，和朋友、家人聊一聊对一些事的看法，了解不同人的视角；在相互配合做完一件事后询问对方的感受，看有没有优化和进步的空间。

这样做了一段时间后，我发现自己再面对问题时，大脑中涌现出不同角色的感受、可能产生的后果和影响等，不再只从自己这个单一的维度出发看待问题了。

我让自己在与他人相处时，尽可能地提升识别和理解多种角色的能力，我将这种能力称为在"多元世界"中提升自己的容纳度。

第三个阶段：考量多线的复杂因果。

后来，我开始意识到，仅仅处理好自己的事情和与他人的关系，仍然是远远不够的。事情的发展并不是简单的一因一果，更多的是多因一果、一因多果，或者是多因多果。

于是我做了两件事。

第一件事是提升自己。我疯狂地复习英语，参加托福考试，去美国读法律专业的研究生，继续深造。我换了一个环境，让自己接受更多新的挑战，不断面对问题、解决问题，我的思考维度得到了拓展和提升。

第二件事是刻意练习分析复杂事件的多因多果关系。我强迫自己对每一件事进行复盘，并且尽可能多地找出对应的起因和可能造成的结果。练了半年后，我发现自己已经养成了这样的思维方式，并且提升了自己的反应速度。

我让自己在多线环境中尽可能地提升思维速度，我将它称为在"多线因果"中拓展思维的广度。

第四个阶段：将问题拆解到极致。

2015 年，我去美国后不久，就正式开启了创业之路。我发现，如果想把一件事情做成，就必须把中间的坏节拆开。这些环节看似简单，实际上有许多小细节、小事情需要处理。

比如，我最开始做的是华人快递。因为是第一次创业，我担心自己会亏钱，就开始拆解此次创业有可能涉及的花销项，我将它们拆成了三个方面：第一，房租；第二，人工；第三，物业费和水电费。

接下来，就是如何用最小的成本，逐一解决这三个问题。

对于房租，我找到了当地的华人超市，和对方谈使用对方的场地，给对方分利润。对于人工，由华人超市的收银员来指导客户填写快递单，费用也包含在上述利润中。至于物业费和水电费，既然是合作伙伴，超市自然不会额外收取我的费用，这部分成本等于零。

解决完这些问题后，我和华人超市的老板达成共赢，将当地华人的流量用到极致，也降低了自己的风险。

这是我第一次为创业做出如此清晰的拆分，将事情一件件地落地执行，并拿到结果。也让我对处理问题时需要将问题拆分成几个节点，怎么拆分、怎么解决，有了清晰的体验。从这个阶段开始，我逐步形成了纵观全盘的思维方式。

在面对较大的问题或任务时，我会尽可能细致地拆解出落地方案，我将它称为在"极致拆解"中提升可行性。

第五个阶段：谋全局，居安思危。

2020 年，我从美国回到国内。当时，我正经营着在亚马逊平台上的电商业务，每天都有上千个订单，景象一派繁荣。

但我的内心十分不安，因为我们获取流量和排名的方式，并不是靠真实的数据、口碑和品牌一点点累积起来的，而是用了很多取巧的方法。虽然这些方法在跨境电商行业内也是公开的秘密，都是为了让店铺持续排在前面，获取更多的平台流量和订单，但我隐隐觉得，总有一天平台会找我们算账，我们一定会被处罚。

于是，我开始规划"品牌独立站"，踏踏实实地做好产品和品牌，给自己布局新的、长远的出路。

果然，过了大半年，亚马逊发生"黑天鹅"事件，很多店铺被处罚，我的所有店铺都被封了，店铺里还有200多万美元没来得及提取，再加上运输途中的、海外仓里的货物，价值近800万元人民币，我们一共损失大约2000万元人民币。

我非常庆幸，那时我的品牌独立站已经看到起色，我选择的是品牌之路，一条难走但正确的路。

从那时起，我就养成了谋全局的意识，居安思危，建立自己的壁垒，并且在多个维度上未雨绸缪。

我让自己在日常生活和工作中，尽可能扎实地打好基础，提前解决问题。我将它称为在"居安思危"中提升前瞻性。

提升拆商的建议

那么，普通人要如何提升拆商呢？在此，我给大家几点建议。

1. 独自面对问题

很多人遇到问题不知道怎么解决，就习惯性地请教别人。可是请教了一圈，也解决不了问题。原因何在？因为在请教之前，他们并没有深入思考，也没有做好充足的准备。

你可能有过这种感觉："有些人问的问题，即使免费回答我也乐意；但有些人问的问题，就算付费我都不想理。"这里的关键在于，提问者在提出问题之前做了哪些功课？他们是否清楚地了解了问题的相关背景？有没有穷尽所有解决问题的方法？如果问题实在解决不了，卡点在哪里？

很多人连自己需要做的努力都没做，就开始问别人。这是一种习惯性懒惰，张嘴就要，就像饭来张口一样。可是，别人凭什么给你喂饭？就像我们吃螃蟹，你抓好了螃蟹，准备好了锅碗瓢盆、姜、醋等所有东西，但你不知道该怎么蒸螃蟹，这时你来请教我，肯定没有问题。但如果你说：

"我现在有姜、蒜、醋，可不可以免费给我螃蟹？"那肯定不行！

另外，修炼拆商，前提是拥有良好的心态。很多人问问题是为了逃避问题，而不是面对问题。

比如，我的徒弟在来公司之前，曾多次创业失败。5年前他找到我，希望我帮他复盘一下为什么他的创业屡战屡败。我跟他聊完之后，发现他犯了一个大部分创业者都会犯的错：不提前拆解业务。

在决定创业之前，他没有做好业务拆解，没有想好怎么把产品卖掉，而是埋头于公司注册、为公司想个好听的名字、租个好办公室、找人设计个好看的LOGO（商标）、做一套特别漂亮的VI（视觉设计）和UI（用户界面）……等这些事情做完了，才发现这个业务逻辑不对，产品没有办法得到市场的认可，也没有办法找到对口的消费人群。他的所有预算很快消耗完，最后坚持不下去，只能宣布破产。

创业，一定要最先解决销售问题，这一点不容逃避。所以，只要销售问题没有解决好，LOGO设计得再漂亮也没有任何意义，那些动作只是为了逃避关键问题的虚假忙碌。做一件事，我们都应直面核心问题，而不是选择逃避。

后来，不管是对自己，还是对我接触的人，在考虑商业问题时，我首先考虑的就是如何盈利，如何将产品销售出去。这个问题解决之后，我再去想怎么把内容做漂亮，如何使成果更出色。

2. 把运气变成一种实力

很多人受家庭环境的影响或被社会环境所左右，习惯于被动，等着别人去推动自己。

如果你总是等着别人推动你，那你只能跟着别人的节奏走，你的命运永远都不能掌握在自己的手里。你应该相信"我命由我不由天"，依靠自己的能力去解决难题，这才是正确的心态。

不要把任何问题想得太难，即使它当下确实很难，但只要你懂得拆解，它就会逐步得到解决。在这个过程中，你要努力把运气转化为实力，将其牢牢掌握在自己手中，并主动推进事情的发展。

记住，运气也是可以改变和提升的。如果你的拆商很高，你会有一套理论和成体系的方法去解决问题，你的运气也会因此而提升。

我将运气分为四种类型。

第一种，随机的运气。比如买一张彩票、摸牌之前吹一口气，这些行为对运气并没有什么改变。但很多人喜欢在这些事情上做各种无谓的努力。

第二种，靠量累积出来的运气。比如，一些有名的画家、诗人、作曲家、歌者，他们创作了大量的作品，最后也只有少数能流传。

第三种，深度钻研出来的运气。比如，我一直深耕海外电商市场，对海外流量非常熟悉和敏感。2023 年，我从美国区 TikTok 的小店带货数据中发现，短视频带货的成交额远远高于直播带货成交额时，我能够非常敏感地捕捉和预判出"2024 年我要将在美国重点布局 TikTok 的直播带货业务"。我的直觉告诉我，2024 年，直播带货领域将会有大幅增长，我一定要把握住这个机会。直觉，是个人学识和经验累积而成的判断力。它源于我在某一个领域里不断深耕带来的对该领域的敏感度。所以，当机会来临时，我会在第一时间抓住它。而对于那些没有这方面积累的人，可能永远不会与这样的运气有交集。

第四种，**影响力吸引来的运气**。很多人致力于让自己成为某个领域的专家，就是因为在某个领域的专家能形成个人影响力，很多客户、资源、品牌、合作方、投资人等会主动找你，而不需要你每天忙着找他们。这样既为你节约了很多时间和精力，也大幅提升了机会的数量和质量，让你有更高的概率找到想要的资源和伙伴。

"我命由我不由天"，这句话从表面上来看，是相信自己的努力，不相信运气。但实际上，运气也是可以随着实力的提升而提升的。这就是"吸引力法则"。

3. 把问题拆得更细，拥有更高维度

我们要尽可能地把问题拆解得更细。有时你会发现，拆解了一层之后，问题还是无法解决，再拆解一层，还是解决不了。这时，你可能会感到挫败，觉得事情陷入了停滞。但实际上，你做的努力还远远不够。

我一直认为，普通人，走一步看一步；聪明人，走一步看三步；有智慧的人，走一步看十步；顶尖的人，会引领别人的步伐。你的拆商越高，就越会往更高的维度走。

比如，你在创业或做项目之前，如果能够做好全盘计划，一一列举出可能出现的问题，那么当你能够做到走一步看十步，甚至二十步时，你就可以称得上是智慧之人了。

如果你把事业做好后，想更进一步成为某个领域里非常有影响力的顶尖人物，去引领别人的步伐，那么你就不只是走一步看几步，而是要在走在别人前面的同时，考虑如何去影响别人的步伐，让他们朝着你既定的方向前进。这个过程，就是不断升维的过程。

拆商高的人，可以随时升维，随时降维。我将这种能力分为三个部分。

第一个部分，切换到对方的视角。我们看待问题，往往是从自己的视角出发的。那么，能不能切换到别人的视角，看到不同的维度，扩大视野呢？比如在和别人聊天时，如果能够自如地切换到对方的视角看待事情，就能够更好地解决问题；再比如，如果你的孩子不愿意跟你一起去逛街，那你就蹲下来，用他的视角去看看，你会发现他看不到琳琅满目的商品，只能看到大人的腿，了解了他的视角后，你就能明白，解决孩子不爱去商场的方法不是给他吃糖，而是抱着他，让他感受你视角下的世界。

第二个部分，掌握降维的语言。也就是说，要用通俗的语言说话。我们经常听到一些"高级"的词汇，听起来很专业，但实际上大多数人听不懂。如果别人没听懂，就不会受到影响或发生改变。这也是为什么很多广为流传的广告词都非常通俗易懂，比如麦当劳的"I'm lovin' it（我就喜欢）"。

第三个部分，掌握升维的语言。我更多时候把它解释为"如何与比自己更优秀的人成为朋友，达成合作"。比我们更优秀的人，他们愿不愿意把时间花在比较优秀的后辈身上？答案是肯定的。只不过，我们需要思考，要怎么做才能让他们觉得我们是优秀的后辈，让他们愿意把经验传授给我们，甚至给我们时间和机会。这时，我们需要升维思考，站在更高的维度和视角去看问题。

比如，一个普通人打算与一位优秀的企业家合作，合作能否谈成，肯定受很多因素影响，但对于这个普通人来讲，掌握升维的语言非常重要。他需要从更高的维度去看两人的合作关系，双方对对方到底有怎样的期盼，愿意为对方做些什么，希望收获什么，想达成怎样的目标。当他升维到更高的视角，就能发现达成合作的关键点，进而运用升维的语言与维度更高的人顺利地达成合作。

为什么要学习拆解

学会拆解，能使我们在学习、关系、自我成长和赚钱等多个维度有明显的提升。

我总喜欢说：没有什么问题是不能通过拆解来解决的，万物皆可拆。尤其是赚钱的机会，往往是通过拆解发现的。

你不妨回想一下，你曾经解决过的一件最棘手的事情是什么？你可以尝试用拆解的方式分析它，看看是哪些因素决定了你做得好，以及如果具备哪些因素你可以做得更好。

对学习的好处

我刚到美国读研的时候，有整整两个月都没适应美国的教学，基本上听不懂课。我在日复一日的学习中意识到：这不单单是努力的问题，如果我没有办法将问题找出来，逐一拆解，那么我一定没办法顺利毕业。

于是，我开始梳理遇到的问题。

第一，要想听懂课，必须在上课前预习老师要讲的 3 个案例，否则听不懂。第二，3 个案例的材料加起来有 80~100 页，阅读量实在太大，并且有很多生词。第三，如果我在阅读的过程中靠查词典来翻译，阅读就会被中断，甚至会忘记前面的内容，效率低，但不查词典又读不懂。第四，就算我查了词典，遇到专业术语可能依然无法读懂。例如法律专业术语 consideration 的意思是"对价"，而在日常生活中，它的意思是"考虑"。遇到这样的情况，查了字典也是白查。

如此下去，一定会陷入恶性循环，越来越糟糕。于是。我静下心开始拆解：我需要先解决专业术语的问题，再解决快速查词典的问题，最后解决如何提升阅读效率的问题。

我问了很多前辈和老师，配合搜索引擎，找到了一部专门翻译法律专业词汇的词典——《元照英美法词典》。我非常开心，因为它可以打通我学习上的最大阻碍，也就是我从国内学到的法律知识和国外学习内容之间连接不上的问题。有了这部词典，我就能在之前的基础上继续深入学习法律了。

但是，我觉得这样还不够。因为这部词典没有电子版，只用纸质词典查找还是太慢，严重影响了阅读效率。我认为，我必须把它变成电子词典。于是，我又将问题拆解为：我是否可以借鉴亚马逊电子书的逻辑，去找一个可以安装其他词典的通用版电子词典（当时我使用的是《欧路词典》），然后将《元照英美法词典》转换成匹配的格式安装进去？这样，我就得到了可以在电脑上用的电子版《元照英美法词典》。

接下来要解决的是翻译效率的问题。我既想读懂教材内容，又不想因为查词典而耽误太久，导致忘记原文的内容。于是我放弃了纸质书，购买了电子版教材，并将其转换成 PDF 的格式，让我可以在电脑上直接阅读。

但我还是觉得效率不够高。于是我打开《欧路词典》，将它的每一个功能都点了一遍，全方位地摸索每一个细节。我惊喜地发现，它有一个功能特别符合我的需求——鼠标取词！这就意味着，我再也不需要将词汇输入词典查询栏了，而是一键就能翻译，并且优先翻译为法律专业词汇。这一步，成为我解决阅读效率问题的关键。

其实，到此为止，我的学习效率已经大大提升，我清楚地感受到自己的努力是有意义的。但我还是不满足，这样的探索让人上瘾，也让我拥有了"偷时间"的快乐。于是我继续拆解，继续提升。

我发现，教材里每一个案例大概 30 页，但是前 27 页都在描述案件的始末缘由，只有最后 3 页在讲述法律运用和关键知识。于是我想，如果前 27 页都在讲故事，那么我有没有办法直接看它的故事梗概呢？看完故事梗概，我再逐字阅读和学习最后 3 页的关键内容，这样既提升了效率，也不会错过重要的内容。我找到老师和前辈，从他们那里得知了好几个可以查案件梗概的网站。我一查，发现原本 20 多页的案例，在这些网站上只有 0.5 页到 1 页的篇幅！再配合电子词典，学习效率又提高了很多。

探索出这套方法后，我有了学习动力。因为我清楚，我每努力 1 分钟，就顶得上其他同学的几十分钟，而且效果更好。

很多人觉得学习很难，那是因为没有运用拆商将学习过程中遇到的问题一个个拆解出来。我用拆商，从最开始听不懂课，到后来成为全班前 5 名；其他学生想想就头大、难以解决的问题，我在两周之内就找到了切实可行的解决方案，并且一步步完成，实现了既定目标。

拆商是一种可以迁移的能力，不仅可以在学习中将其迁移到任何一门学科，还可以将其运用到生活中，迁移到自我提升、关系处理、创业赚钱等各个方面。

对关系的好处

开始创业前，我一直被家庭关系的问题困扰。每次需要做决策时，我都会担心得不到父母的支持。如果他们不支持我的决定，事情就很难推进。很多时候，我甚至还没开始应对外界的挑战，就要先处理家里的"内耗"了。我大部分的精力都消耗在了如何跟父母斗智斗勇上。

我非常想破解这样的困局，于是我决定去美国留学，开启由自己掌控的人生。但我知道，这一决定又将引发家里的"世纪大战"。父母那辈人，认为对子女最好的方式，就是帮他们安排一个稳定的工作，然后在他们到了该结婚的年龄时，让他们结婚、生子，过上安稳的日子。他们认为这就是让孩子幸福。

为了打好这场家庭"世纪大战"，我从造成这个难题的原因、问题的归属和沟通的方式这三个方面对问题进行了拆解。

首先，我拆解了父母为什么要事无巨细地干涉我的生活。

第一，他们比我的阅历多，根据他们的生活经验，稳定更重要。但是，稳定的好处，在他们那个温饱都不能保证的年代才重要，对我来说，温饱已经不是问题，我想追求的是更高的自我成就。

第二，他们当时（2018 年）的收入比我高很多。我的母亲是注册会计师、注册税务师，她凭借一己之力逆天改命，从月入几百元，到年入百万元。我的父亲辞掉"铁饭碗"，只身一人到成都闯荡，开了自己的工厂，年入千万元。他们都是靠着自己的努力改命的人，所以他们认为能给我很多建议，让我少走弯路。他们深知创业的艰辛与风险，不希望我再走一遍这样的路。可对我来说，他俩很爱闯，我也爱闯，这才正常。我每天耳濡目染，想"躺平"都难。我的父母通过努力完成了财富的积累和阶层的跃迁，我也希望在这个基础上更上一层楼。他们担心我付出辛苦与牺牲，但我更害怕过平庸的人生。

第三，他们很爱我，他们认为表达爱的方式，是让子女按照自己认为正确的、最好的路去走。如果子女不愿意，就强制执行。因为在他们眼中，当下强势一点没关系，总有一天我会明白他们的良苦用心。但我认为，表达爱的正确方式，是尊重，是聆听，是让子女充分表达自己的意愿，并且给予支持。

其次，我拆解了事情的利益相关方，以及问题的归属和承担结果的人。

第一个方面，我拆解了做决策的时候，有哪些人会因为我的决策而受到影响。比如，我去美国留学的这个决定，相关人有：我，因为这是我的人生重大选择；我的父母，因为现阶段我需要他们为我提供学费和生活费，并且他们会想念我；留学中介，因为他们可以收到一笔中介费，并且多一个名校案例；其他更远的关系我就不提了。

第二个方面，谁是这个决策结果的承担者。如果留学的学费需要我父母砸锅卖铁才能支付，那么这个决策就不是我一个人承担结果，我的父母也会背负很大的压力。但如果这笔钱对我家来说只是一两个月的收入，能够很轻松地拿出来，那么这件事最关键的承担者就是我，因为这关乎我接下来的人生走向。很显然，我们家属于后者，所以这件事的关键承担者是我。既然如此，这件事更应该由我来做最终决定。

最后，我发现每次我和父母沟通不是输在道理上，而是输在沟通方式上。

第一种情况，因为我被干涉得太多，所以一肚子委屈。每次表达自己的想法，还没说清楚，我就会哭起来。这时，父母就不会再听我说话的内容了，而是将我的这些行为定义为：又在闹了。接下来不论我说什么，他们都不会真去听，沟通也变成了无效沟通。

第二种情况，我能够清晰表达自己的观点，我的观点也很有道理，但是最后，他们会说："这件事必须听我们的，因为我们是你的父母。"他们直接用身份压制我，让我无话可说。我冷静下来后，认为这也不是不能解决。

我的父母在外人面前，一直声称对我很民主，引来大家的羡慕。于是我想了一招：如果他们再这样说，我就将"父母强制干预我决策"这件事发布到朋友圈，并设置为仅他们的亲朋好友可见。这样他们就可能为了维护自己的人设，并且意识到自己这样做确实不妥，最终愿意和我好好商谈。

我将拆解出来的上述三个大点、七个小点——想好应对措施，然后约父母进行谈判。我们谈了将近五小时，对上述问题一个一个地梳理，一个一个地解决。最终，我说服了他们。这件事情是我承担结果，所以最终决定权应当属于我；同时，我也表达了很重要的一点：他们的关心和爱，我已经深刻地感受到了。于是，我与父母的关系得到了缓解。后来，我更愿意与他们交流沟通了，全家人的关系充满了松弛感，不再像以前那样紧张。

这就是拆商对关系的好处。不仅仅是亲子关系，对处理亲密关系、同事关系、同学关系、朋友关系同样有效。而对做商业 IP 的人来说，运用拆商还能很好地处理私域或者与粉丝的关系等。因为任何关系，都是表面上看着复杂，实际上则可以用拆商的思维去改善。

对自我的好处

在自我成长的路上，我也用拆商让自己取得了很多突破。

在大约十年前，我有一个克服不了的毛病：成瘾性购物。没事的时候，我就喜欢打开各种电商 App，买自己喜欢的东西。买的这些东西未必用得上，但我就是觉得筛选和购买的过程能给我强烈的满足感。久而久之，网上购物就成了我生活中的一个习惯。随之而来的，是我每天都会收到的十余条取件信息。我知道父母一定会说我，也知道这样做有问题，不是健康的状态，但我就是无法管住自己。于是，我每天都会先到取件处，将各个快递拆开，把小物件放在其他大件快递箱里，规整为3个大快递箱再拿回家去。我小心翼翼，提心吊胆，因为知道自己可能染上了某种购物病，被父母教训起来自己也理亏。

有一天，我又重复上述操作，被我爸逮了个正着。他很严肃地说了我一顿，并表示如果我再这样下去，将会缩减我各方面的开支。我心想，反正我马上要去美国了，你也管不了我。等我到了美国，自己再想办法赚钱，我爱怎么花，就怎么花。

后来我确实去了美国，我也确实通过自己的努力开了华人快递，做了二手车生意，第一年就挣了二十多万美元。赚到钱后，我开启了疯狂消费模式：包、手表、化妆品、衣服、鞋子等。我把喜欢的东西买了个遍。今天赚到的钱，明天就能花个精光。

直到有一次，我做二手车生意的合伙人跟我说，需要资金周转一下，我却拿不出来，眼睁睁看着一批优质货源被竞争对手买走。我很自责，于是决定正视自己的问题，找出问题的原因，正视它的后果，并且找到解决办法。

我先从原因开始拆解，向上追问：为什么我会购物上瘾呢？

- 我疯狂购物，是因为我想要这些物品吗？

- 买到这些物品后，我就能获得满足感吗？

- 曾经有什么东西，是我想要而没有得到的呢？

再从结果的角度去拆解，**向下追问"会怎样"**。

- 如果现在我能得到所有想要的东西，我就真的开心了吗？

- 如果我不买这些东西，我真的会不开心吗？

- 如果放任这样的行为，我会面临怎样的后果？

通过对这些问题的拆解，同时我阅读了大量图书，听了大量课程，最终，我得到了一个连自己都意想不到的答案。

一切的源头都在小时候。那时候家里没有钱，我的鞋子小了没钱换，每走一步路都能真实地感受到没有钱的痛。在物质欲望被严重打压下，我对赚钱和花钱产生了病态的渴望。所以，在成年后，我在潜意识里不断地想要补偿自己。

神奇的是，找到问题的源头后，这"病"不知不觉地消失了。从那以后，遇到不想买的东西，我不再认为拥有也是一种快乐；遇到想买的东西，我也不再强行自我克制，一切消费以我的需求作为判断依据。这也让我意识到：并不是所有的"病"，都必须要开"药"。很多时候，发现自己有"病"，找到真正的"病因"，比开"药"更重要。

对事业的好处

在小学一年级，也就是 7 岁的时候，我就已经运用拆商获得了人生的"第一桶金"——各种有意思的小玩意和美味的小零食。

那时，我生活在新疆维吾尔自治区石河子市。当时那里的物价很低，一两角钱就能买一小瓶汽水或一小包零食。可是，我每天的零花钱极其有限，基本上会全部花完，想多喝汽水、多吃零食，只能自己想办法。

和其他人一样，我最先想到的是节省自己的口粮。当时，妈妈每天给我一元，可以买四个包子，但我只买三个（三个也可以吃饱），省下两角五分买零食。但即便如此，我对零食的渴望还是无法得到满足，总是在想怎样可以获得更多的零食。

在分析了自己的状况后，我意识到，我没有启动资金去做原始资本，可用的资源只有作业本、铅笔和改正纸。

怎么办？看到学校门口小卖部的抽奖活动，我受到了启发。我把作业本拆开，折成了一个个小盲盒。每个盲盒里都写着一个奖品名称。奖品的价值不同，可能是一包小零食、一小瓶汽水、一支笔、一本书，等等。

同学给我一个价值两角钱的小玩意或一包小零食，就可以换一个盲盒。打开盲盒，里面写着什么奖品，我就给他们什么奖品。

我设置的奖品中，有 50% 都是小零食或汽水。而像笔、书这类价值较高的奖品相对较少。另外，我还放置了"马""到""成""功"四个字样的卡片，告诉同学集齐"马到成功"四个字就能换一支价值 3 元的钢笔。但是，我设置的"到"字很少，因此同学们拿到"马""成""功"三个字的概率较高，而集齐完整的"马到成功"则相对困难。

同学们拆开盲盒，都会有所收获，基本不觉得亏，大概率还会再开一个。在这个过程中，同学们享受了中奖的快乐，觉得我的盲盒是很真实的，是有奖的。

比如，有个同学用价值两角的小零食换到了一个"马"字。他会觉得自己运气好，说不定用八角的小零食就能集齐"马到成功"，得到一支价值 3 元的钢笔。有了这种想法，他就会不断地开盲盒。

很多同学都在我这儿开盲盒，做着集齐"马到成功"的美梦。但因为"到"字很少，所以很难集齐。这让他们一直抱有希望，却很难实现。

不过，开盲盒的活动只持续了很短的一段时间，因为它的技术壁垒不高，很容易被其他同学模仿。我也不想因为经营自己的小生意分心而影响学习。在这个过程中，我得到了很多有意思的小玩意儿和美味的零食。回想起来，把这些东西折价的话，应该也有 20 元左右。对当时的我而言，这就是一笔意外之财。

通过开盲盒这件事，我还有两个收获。

第一，看到了同学想中奖的心态。他们都想快速集齐"马到成功"这四个字。这种心态会让人暂时迷失自我。而懂拆商的人，则会避免陷入这种窘境。

第二，对没有技术壁垒的事情，要保持清醒，及时退场。以我当时的心智无法完全应对未知的风险，一旦被老师抓住更是麻烦，所以必须克制自己的贪心。

这就是我经常和朋友开玩笑说的自己赚"第一桶金"的经历。下面，我们用拆解的逻辑来分析，如何赚取人生的"第一桶金"。

1. 选择正确的路径

很多人都想快速赚到人生的"第一桶金"。我把他们大致分为三类。

第一类，想创业当老板的人。这类人要把自己的事业或创业项目作为一个大目标，再一点点地拆解开。

比如，作为创业公司的老板，需要具备哪些能力？自己哪些方面强？哪些方面弱？该怎么弥补短板？在做项目的过程中，需要什么资源？谁能提供这种资源？资源靠不靠谱？是虚无缥缈的，还是可以落地的？另外，资金从哪儿来？要怎么花？这些问题都能被拆成无数个细节或步骤。

第二类，投资人。投资的本质，是让别人替自己赚钱。身为投资人，只要把与所投资企业盈利相关的问题考虑清楚就行了。大多数情况下，它比创业更轻松，但风险更大。

第三类，打工人。如果不想当老板，那你最重要的一个目标，就是找到一个正确的"领路人"，做好他的辅助，跟着他一起成长。如果选择错了，即便你很优秀，并做好了每一点，也可能失败。

想赚到"第一桶金"，我们要先找到一条好的"线"，再附着在一个好的"面"上，也就是一个好的行业或好的领域。然后，把每一个点做好，提升各方面的能力，对要做的事情不断地拆分、解决、优化，精益求精。这样下来，我们的成长会显而易见。

在一个好的平台、好的组织体系里和真正有能量的人一起成长，有时确实比自己创业更轻松、赚得更多，也不用操那么多心。

有人总说，选择大于努力。可我认为，选择和努力同样重要。因为你的选择也是靠努力争取来的。

在保证选择正确的情况下，再去努力，人生会变得更好。每个人都有自己的选择，每一次选择对自己的人生和成长都会产生或多或少的影响。选择对了，不管是财富、幸福感，还是见识，都会不断增长；选择错了，则可能面临一些波折。

怎样才能做出正确的选择呢？这因人而异。只要自己认为选择是正确的，这就足够了。而决定选择正确与否的核心，是判断力，是拆商，而不是财富。

赚钱是一个问题，或者说是一个结果、一个目的。我们只要把中间的问题拆解开，并且逐个解决，就可以达到赚钱的目的。

2. 厘清赚钱的逻辑

一个人想赚钱，就必须把赚钱的逻辑厘清。有几个关键步骤不能忽略。

第一，先拆解目标。

目标是行动的指引，能让我们有的放矢地做事。比如，我得到"第一桶金"的目标，只是想吃到更多零食。这个目标虽然没有被具体量化，但我内在的动力是很足的。

那么，你要赚"第一桶金"的目标又是什么呢？你要赚多少钱？要赚谁的钱？要从哪里入手？我们需要按照这样的思路把自己的目标一一拆解开。

第二，看到自己的资源。

你拥有的资源是你的原始资本，是你赚钱的基础。比如，我做盲盒的时候，具备的资源只有作业本、笔、改正纸。这三种平平无奇的东西组合在一起，居然可以成功实现我的小目标。

所以，不要总抱怨自己没有资源。把你手上拥有的东西好好利用起来、组合好，加上拆商的加持，就算再平凡的东西，也能创造出不平凡的奇迹。

第三，让别人**参与**进来。

我想实现的目标是得到更多的小零食，同学们可以成为提供小零食的人。那么，我有了盲盒，又要怎么吸引他们参与呢？

很简单，我只是利用了他们对中奖的期待：每个人都想中奖，想多参与几次，提高中奖的可能性。这就是我当时的策略。

3. 摸清别人的心理，赚到更多的钱

逻辑清晰之后，就是如何制定策略的问题。怎么获取更多零食？怎么让同学们持续参与？我当时的策略是顺应同学的心理，给予相应的奖励，同学们就会有参与的积极性。

当时，我的年龄还小，并没有认真总结这段经历。当真正产生创业和赚钱的冲动时，我才对小时候的这段经历进行了详细的拆解分析。

我把小时候发生的事情一点点地拆解，看哪些事情是我一开始就做对的；哪些事情是我不知不觉做对的；哪些事情是我抓住了别人的心理、顺应了别人的心理。

对我而言，在赚取"第一桶金"的过程中，最大的收获不是那些"价值不菲"的小玩意和小零食，而是第一次在小事上成功实现目标的体验。它不仅是我运用拆商的起点，更给了我强大的勇气，让我对赚钱更有信心。因为很多时候，阻碍我们前行的不是别人，而是我们自己的心理障碍。突破

了这个障碍，你可能会爆发出以往几倍以上的能量。

当然，如今时代不一样了。想要赚取人生"第一桶金"，也许不能再遵循过去那种简单的逻辑。沿着一条路走到底就能成功的机会也越来越少。我们需要不断地经历"尝试—总结—复盘—循环"的循环过程，不断精进。

训练拆商的过程，不仅仅是把事情拆解完，更要考量能不能反复拆解，能不能越拆越细。要反复复盘，完成不同的商业小闭环，进而建立属于自己的强大体系和壁垒。

人生的第一桶金不在于钱的多少，而在于你有没有一种能力，自己独当一面，完成一个小的商业闭环。哪怕在抖音上做一个短视频账号，做了一场直播，卖出一本书……也算完成了一个小闭环。

很多人没有迈出第一步，就是因为他给自己设定了宏大的目标，总把第一桶金想得很多。他们认为，如果第一桶金没有一亿元，就不值得去拼。可是，如果连一万元都挣不到，就想挣一亿元，现实吗？

看完我的故事，我希望大家都能运用拆商，至少完成一个商业小闭环，努力赚到"第一桶金"。即使金额很小，这个过程也是值得的。如果你过去没有经历过从头到尾操盘并赚到钱的完整过程，不妨对照图1-1，去拆解一下你赚取"第一桶金"的历程。

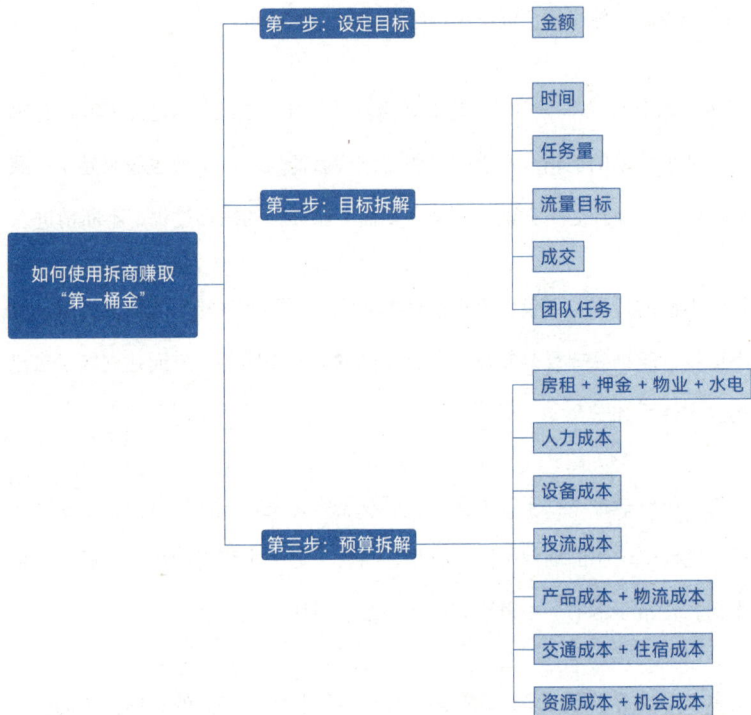

图 1-1 如何运用拆商赚取"第一桶金"

单维拆商与多维拆商

我在前文讲述了自己是如何探索和运用拆商的，接下来，我想从单维和多维两个角度来论述拆商的体系（见图1-2）。

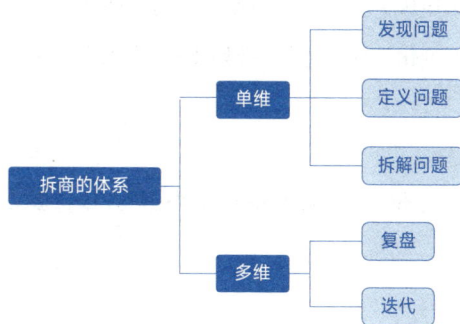

图1-2　拆商的体系

单维拆商

解决某个独立的问题，要用到单维拆商：发现问题、定义问题、拆解问题。

1. 发现问题

能够快速发现问题的人，可以更快地解决问题。快速发现问题是一种能力，不是一种天分，它要靠我们不断地在某个领域用心积累，当然也需要一些生活经验。首先，我们需要学会不断地问问题，要有很强的求知欲。如果生活中出现了一些让我们不习惯、不适应或不舒服的状况，一定要弄明白为什么会出现这些情况，它背后的逻辑又是什么。这种发现问题、捕捉信息的敏感度，日积月累就会为我们的生活带来好运。

此外，我们还需要在某一个领域扎根，有足够的耐心深入钻研。进入某个领域，就得反复深耕学习，时刻关注整个行业的技术、热点、动态，甚至全球形势的发展变化。只有这样，我们才能敏锐地从那些"不对劲"中发现问题。

在第二章中，我会和大家一起领略发现问题的方法、感受发现问题的重要性。

2. 定义问题

发现问题后，一定要善于定位真问题。很多时候，我们没有找到真问题就急于解决问题，甚至盲目行动，以至于造成更多问题，产生更多麻烦。

比如在 20 世纪初，美国犯罪率飙升，黑帮横行，社会越来越不稳定。当局者将出现这些社会现象的原因归结为美国人太爱喝酒，于是在 1920 年至 1933 年，美国颁布了禁酒令，旨在通过禁止饮酒来减少犯罪和改善公共道德。然而，政策制定者没有认识到禁酒会推动非法酒精交易和有组织犯罪的兴起。禁酒令不仅未能减少犯罪，反而使情况变得更糟。

因此，要想真正解决问题，就要定义真问题。

在第三章中，我将带领大家学会如何定义真问题。

3. 拆解问题

成功定义出问题后，就需要详细地拆解问题了。我们可以从不同角度对问题进行拆解，比如从原因的角度，归属的角度，宏观和微观的角度，结果、角色、成本收益的角度，等等。如果我们能够仔仔细细地拆解问题，就能有针对性地制订计划，然后将问题各个击破，剩下的就只需付诸实践和享受解决问题所带来的喜悦了。

在第四章中，我将介绍如何从不同角度拆解问题并制订相应的行动计划。

多维拆商

解决系列问题，甚至整个人生维度的问题时，就需要用到多维拆商，即复盘和迭代。

1. 复盘

复盘，就是把你做的事情重新梳理一遍。它是一种刻意练习的手段。通过不断练习，我们能够对做某件事熟能生巧。同时我们要对一些不熟悉或不够了解的事情反复做、反复练，持续输出，从而达到对困难的事情脱敏的效果。

复盘是帮助我们提升和进步的非常重要的途径，但是很多人只注重物理层面的复盘，不注重抽象、心智层面的复盘，虽然这种层面的复盘可能更耗费心智，但它真的有很大的好处。

在第五章中，我将带领你一起学习如何复盘，让复盘成为生活习惯。

2. 迭代

复盘是量变，迭代是质变。定义问题就是找准方向，在找准方向后，我们就要大量积累经验。每积累一段时间，就要做复盘。多次复盘后，你便会惊喜地发现，自己又完成了一次迭代。

比如写书。我在写第一本书《TikTok 爆款攻略》时，从完全没有接触过写书，到列大纲、写内容、改内容，再到出版，一整套流程走完，一共花了将近一年的时间。之前我完全不了解出书这件事，当我跑完整个出书流程后，再次出书就轻车熟路了。身边如果有朋友想出书，我也可以给他们提供一些非常实用且有价值的建议，这就是迭代。

迭代，是一个结果的体现，需要不断地积累、输入、复盘，同时还得在某一个领域深耕，产生质变的结果。

在第六章中，我将描述如何进行迭代，并通过迭代提升自己，实现自我价值的飞跃。

系统性思维

培养拆商，还有一个很关键的点，就是系统性思维。思维敏捷的人，可能会在单一业务或某个阶段取得胜利。但没有系统性思维，就保不住胜利成果。很多人说，自己会聚财，不会守财。这正是因为没有系统性思维。

拥有系统性思维的人，通常有以下两种表现。

第一，每花出去一分钱，都清楚地知道这笔钱将会经过多少路径，最后带着多少财富回流到自己的口袋里。如果你没有系统性思维，会觉得花钱就是花钱，赚钱就是赚钱。想不明白花出去的钱再回来的道理。

第二，花钱的时候，知道这笔钱花到什么程度了，什么时候会回来。有系统性思维的人心态都很稳，知道自己是处于该继续花钱还是该让钱回流的阶段。

拆解，从表面上看，是把完整的东西拆成细小部分。对事物进行拆解，目的是解决问题。而我们要解决的问题并不是单一事件，而是多个事件的集合体。这些事件在一个大系统里，互相之间有着微妙的联系。因此，如果你没有系统性思维，就没办法从本质、底层去理解和运用好拆商，反而会因为制造出的碎片太多而被卡住。

在第七章，我将详细阐述系统性思维的原理和作用，希望能真正从系统性的角度，让拆商成为你智慧体系中最核心的基础。

总结来说，单维拆商，指的是解决单个问题时可以使用的能力；而多维拆商，则指的是在处理多件事情，想取得阶段性成果，甚至是穿越周期的、更长期的结果时，需要反复锤炼打磨的能力。

第二章

发现问题

你是否有过这样的经历：有些事情，在你意识到的时候，已经变得非常紧迫，迫在眉睫，此时再想解决它，难度如同登天；或者当身边的人提醒你时，你才突然意识到，原本不起眼的小事已经发展成需要花费很多时间和精力才有可能解决的大事。事情之所以会由小变大，都是因为你没能在平时主动发现问题。所以，我们一定要养成主动发现问题的习惯。

几年前，我一直很欣赏自己解决问题的能力，觉得虽然我的人生充满了意外，但我总能化险为夷，结果也都还不错。后来，我慢慢察觉到我在解决难题上花费了太多时间，而不是在问题变难前就将其解决。虽然没有出什么意外，但长此以往，总会出现我解决不了的危机和承担不了的后果。于是，我养成了主动发现问题的习惯，从源头上拒绝意外。这样不仅减少了人生的风险，同时也为我节省出很多宝贵的时间。希望你也能和我一样，主动发现问题，从而获得更加安全、更加高效的人生。

好奇心是发现问题的原动力

什么是好奇心

当我遇到自己不了解，也从未在自己身上发生过的状况时，我会想：这个状况跟我有什么关系？我以后该如何利用它？它对我来说，是一闪而过，还是会重复出现？这就是我的好奇心——凡事都喜欢刨根问底。

我刚接触 TikTok 的时候，用户量上升得很快，随便拍一个视频，就会迅速获得较高的点赞量。接触过 TikTok 的人，看了这类视频后都说：像这样获赞百万的视频，我毫不费力就能拍得更好。即将进入这个赛道的人，基于自身实力说出这样的话，不足为奇。但如果我的员工这样说，我就会去教育或反问他们："你去拍一个试试，等你做到了再跟我这么说，否则就不要这么说。"如果你觉得受欢迎的是"低门槛"的内容，除非你真的有高维度的思维体系，否则一定是对这件事情的认知存在偏差。

有些人说："我不理解美国人的审美，这些视频看不出好在哪儿，就火了。"我很想反问这些人，既然它"火"了，必定有"火"的理由。难道我们不应该去找一找它"火"的原因吗？这是一个审美问题吗？或者我们换一个角度思考，这种审美是正向的，还是反向的呢？

如果连这件事都没搞清楚，说明其"网感"不行，而网感对做好 TikTok 至关重要。如果一个人连网感都没有，怎么好意思说自己已经了解这件事情呢？又怎么好意思去评价它呢？我们要做到不知全貌则不予置评。

我认为，好奇心不应用在评价事情上，而要用在思考事情为什么会这样上。当我们把这一事情背后的原因想清楚之后，再经过分析，才有能力达成好的效果。没有好奇心的人，只是把事情当成茶余饭后的谈资；有好奇心的人，则会研究它背后的逻辑是什么，能不能复制，并在复制后再去实践，逐步成长。接下来的问题就是，成长到一定高度之后，能不能通过这些经验取得成就。

没有好奇心的人，想得到的可能是"多巴胺的快乐"，只要心里痛快；有好奇心的人，要的是"内啡肽的快乐"，这种快乐更持久，更有成就感。

为什么说好奇心是发现问题的原动力

好奇心是一种探索的欲望，它驱使人们去探索未知、理解复杂的事物，从而更好地发现问题。很多问题的发现都源自好奇心，源自关注身边不寻常的小事。比如，当初入一个行业时，我们最先做的可能是学习和模仿他人的做法。如果没有足够的好奇心，我们就只能追随别人的脚步。这样不仅没办法对自己的产品和模式进行迭代和创新，也没办法规避潜在的风险。但是如果保持足够的好奇心，不仅仅停留在学习和模仿的层面，而是去思考，我们就能主动发现现有模式下潜在的问题和机会，就有可能对自己的产品进行有针对性的创新，并对潜在的风险有更清晰的认识。

当我们感到好奇时，就会开始思考问题、提出疑问，并寻找答案。这种探索的过程，促使我们认识到问题的存在，并激发我们寻找解决方案的动力。因此，好奇心可以被视为发现问题的原动力。

如何保持好奇心

如何养成保持好奇心的习惯呢？我的建议有以下三点。

1. 往前问三个"为什么"，再往后问三个"怎么办"

要多问为什么，而且千万不要轻易地认为自己已经知道"为什么"了。我建议，想到一个主意时，要确保闭环正确。所谓的"闭环正确"，就是要往前问三个"为什么"，再往后问三个"怎么办"。

往前问三个"为什么"，是为了让我们更接近问题的本质。比如，你今天遇到了一件很不顺心的事情，可能是被老板批评了。那"被批评"只是表层问题。你要往前问"为什么"：老板今天为什么批评我，是因为我和老板的沟通不畅，还是我的工作表现不好？假如原因是前者，那第二个"为什么"就是：为什么我不能和老板高效沟通？没能清晰地表达自己的想法，是老板的问题还是我的问题，还是都存在问题？假如是双方的问题，那么第三个"为什么"也可以随之提出：为什么老板的理解产生了问题？为什么我的表达出现了偏差？如果遇到不确定的情况，不妨把所有的可能，用类似知识框架图的形式都列举出来。因为很多时候，问题是多方面的，如果不能全部解决，就会有潜在的风险。

往后问三个"怎么办"，就是要确保我们的行为不要比遇到的问题更可怕。因为问完第一个"怎么办"，会觉得已经找到了答案。但我建议你继续思考：这么做之后，下一步要怎么办，再下一步又要怎么办？往后问三步，就可以避免很多潜在的危机。例如，你发现视频流量起不来，可能想到的最简单直接的"怎么办"是"抄爆款视频"。但当你这么做了，可能又会面对版权冲突、流量不持续、没有个人风格等问题，这时你又要怎么办呢？我们要把所有"怎么办"造成的后果考虑清楚，再针对每个后果思考"怎么办"。我们同样可以用知识框架图的方式对每个可能的问题整理出解决方法，至少往后想三步，这样更利于我们做出正确的选择。所谓"谋定而后动"，就是这个道理。

2. 吸收新鲜事物

积极吸收新鲜事物，不要忽略每一个成长的机会，也是我们保持好奇心的重要方法。在前文提到的"榨汁机"原理中，我们说到要不断地输入、输出。输出一段时间之后，会感觉自己的知识被掏空，必须补充新的养分。不管是边输出边补充，还是输出一段时间再去补充，这个需求都很强烈。

补充的时候，我们可能经常感到吸收不了很多新鲜的事物。因为不管是市面上的课程还是书，真正好的、新鲜的东西不多，很多东西都是同质化的。所以，当一个卓越的人、一些卓越的东西出现时，我都会非常兴奋。我不需要对方教我怎么吸收，我只希望待在对方身边，待在相关的团队里，这样就能吸收到新的养分。

书是冷媒介，通过读书学习，我们吸收到的只有文字传达出的知识。而在一个卓越的人身边，或者在一个卓越的团队里，你可以多维度地吸收。我特别愿意张开每一个毛孔，吸收新鲜养分，把它们纳入我的认知体系里。这就相当于我拥有了新的能量，从而能快速帮助自己成长。我非常愿意做这件事，也一直坚持去做。

另外，我特别注重知识迁移。我认为，磨刀不误砍柴工。追本溯源就像在磨刀。如果它是新的东西和新的认知，我就要把它提炼出来。虽然很费劲，但当你把这件事情了解清楚、处理好后，就能把这些知识迁移到无数类似的事情上了。以后遇到类似的事情，不用花费时间，就能够立刻做出对应的判断和正确的决定。

如果对之前遇到的问题没有花时间认真分析，得过且过，下次遇到同样的事情时，处理起来就可能捉襟见肘，浪费时间。

有时候我们想记住做一件事的要点，可能看几遍也记不住，但只要做一遍，就能记住了。

所以，实践很重要。不仅要实践，还要反复消化吸收。坚持去做，两三个月就会有很明显的效果。

当我觉得这里没什么养分可以补给我了，在这个领域、这个层面，我已经成长为有一定水平的人，我就会寻找新的目标——可能是新的人际关系、团队或项目，然后继续吸收新知识，实现自我迭代和持续成长。

3. 习惯穷尽所有可能性

很多人会钻到牛角尖里出不来。很典型的案例是，两口子吵架，缘由是男方没有及时回复女方的消息。男方告诉女方自己在开会，但女方觉得男方在这件事情上没有穷尽所有办法，例如开会之前告诉自己不能及时回复消息。

我们在一件事情上，有没有穷尽所有办法，是很基础的问题。如果没有穷尽，对这件事情、对自己，都是不负责任的，也就没有办法解决问题了。

做到穷尽所有办法，需要把思路打开，而不是一条道走到黑。可以用下面这个方法训练自己：打破限制条件，不受各种现实情况的干扰，立足于问题本身去想解决办法。比如遇到问题，决定想 3 个解决办法，但只想到 2 个，第三个办法挠破头皮也想不出来，往往是因为我们已经设定了限定条件——只想 3 个办法。如果打破限制，开启头脑风暴模式，可能一口气就想出了 10 个办法。这时你可能会发现，也许第七个或第八个办法才是最好的，但如果没有第一个、第二个、第三个作为铺垫，那么第七个或第八个可能也想不出来。

所以，想穷尽所有办法，就要把限制统统拿掉。

我的亲身经历可以供大家借鉴。

前年圣诞节，我让项目组写 5 个活动文案。过了一小时，他们只写了 3 个。我马上改了指令，要求他们写 50 个。只过了半小时，一个人写了 20 个，另一个人写了 35 个，而且他们越写越好，越写越有状态。

可见，不管是领导，还是普通人，如果觉得做一件事情很难，就要先消除障碍，穷尽所有可能的办法，先列出 50 个再说。

希望大家记住，这个世界的发展和进步离不开好奇心。

另外，大家不妨经常问问题，例如，让你觉得很自豪的事情有哪些？除了这个办法，还有没有别的办法？用这个办法能够迁移知识吗？用哪种办法解决了问题、做出了有成果的事情？

4. 让好奇心接入认知体系

在总结了遇到的新鲜事后，我会把它们放在我已有的认知体系里。如果有一天，我的好奇心刚好触达认知体系里的这个点，我就能和之前遇到的事情迅速联系起来，并快速产生相应的认知。这就是量变引起质变。

我们要知道，这个"量"，就是我们不断接触新事物时接收到的新的信息，以及产生的新的认知。我们把这些认知放在一个该放的地方。如果有一天，能把之前碎片化的认知联系起来，变成了一个整体，就能引起"质变"。

我们的整个认知逻辑也一样。遇到一个新事物，我会先问是什么，从哪儿来，能为我带来什么好处，以后有没有可能用得上。先把它定义清楚、了解清楚，再把它放在我的认知体系中。真遇到什么事时，我就会想起这个事物，思考是否可以把它和别的事物联结起来。一旦联结起来，它便会产生更大的效果，带给我们全局化的视野和思维，有利于思考。

好奇心可以让你持续不断地去发现问题。保持一颗刨根问底的心，我们就不会在事情真正到来时手足无措。

最后，请你思考一下，在最近遇到棘手的事情时，你是否有足够的好奇心去探索它的全貌？是否早在它发生之前就有预兆，只是因为你没有足够的好奇心去深究而忽略了它呢？

敏感度是发现问题的"晴雨表"

什么是敏感度

敏感度指的是一个人对特定问题或现象的察觉能力和反应的敏捷度。敏感度体现在对细节的关注程度、对问题的识别速度，以及对潜在错误的预见能力上。专业人士在其领域内通常会有更高的敏感度，他们通过经验和知识积累，能够快速发现和解决问题。

具体来说，可以从以下几个方面来定义敏感度。

第一，感知能力。能够察觉细微的变化或异常。在专业领域，这意味着能够注意到与常规不符的数据点、行为模式或性能指标。

第二，反应速度。在察觉问题或机会后，能迅速做出反应。包括快速诊断问题的根源以及采取行动以解决或利用它。

第三，深度理解。对所在领域的深入理解可以增强敏感度，因为这种理解能帮助个体更好地解释他们观察到的现象，发现更多问题，并预测可能的后果。

第四，经验积累。随着对特定领域经验的增加，个体对常见问题和不常见问题的敏感度通常会提高，更容易发现存在的误差和偏差。

敏感度高的专业人士通常能在复杂的情况下迅速发现问题，并及时做出反应，应对挑战。

为什么说敏感度是发现问题的"晴雨表"

你的能力越强，就越容易发现问题。这让我想到了豌豆公主的故事。

从前有位王子，想找一位真正的公主结婚。他走了很多地方，见到过很多公主，但他无法判断她们到底是不是真正的公主。

有一天，外面下着暴风雨，电闪雷鸣，有人在敲门，老国王去开门。门外是一位美丽的女人，雨水正沿着她的头发和衣服往下流，流进鞋尖，又从鞋跟流了出来。她说她是真正的公主。王子一看到这位公主，就决定要娶她。皇后担心这个女人不是真正的公主，就安排她先在这里休息一晚，等到第二天再说。然后，皇后给她铺了二十床鸭绒褥子，褥子底下塞了一颗豌豆。第二天早上，皇后问公主睡得好吗，公主说睡得倒是挺舒服，只不过总感觉褥子下有什么东西，硌得难受。听到这个回答，皇后相信这个女人一定是真正的公主。

因为只有细皮嫩肉、养尊处优的公主，才能在隔了这么多层褥子的情况下，还能感觉到褥子底下有一颗豌豆那么大的东西，令自己产生不适。

再比如，一幅画用的是油画颜料，还是丙烯颜料；是自然晾干的，还是烘干的……这些细节，普通人很难看出来，但在专业画家眼里，都很明显。

如何提升自己的敏感度

要想提升敏感度，首先要设定高标准、严要求，其次要有一定的专业度。比如，在设计方面我不专业。当设计师把设计好的 PPT 或海报给我看时，我可能会觉得不够好，但又说不出来哪里不好，提出的意见大部分也是凭直觉，或者是基于用户的角度来提的。但一个专业的设计师看过这个 PPT 或海报，可能会提出这样的意见：第一，某些文字没有对齐，会影响美感；第二，主色尽量不要用超过三种颜色，而你用了四种颜色；还有第三、第四、第五……只要够专业，给出的意见就足够细。

同样的道理，花钱找外包人员，有人会说做好就行，至于什么样才是好，他说不清楚。但有的人会提出二三十条要求，每一条要求都既专业又细致。

在认知和专业的提升上，要提高自己的敏感度，学会提出要求和问题，才能把事情做得更好。找别人合作是如此，自己做也一样。

对普通人来说，要想训练自己的敏感度，可以从以下几个方面入手。

1. 训练同理心

不管是亲密关系，还是合作关系，都需要同理心。感性训练的核心，就是培养同理心。其实，当人们有了孩子之后，同理心往往会变强——家长对孩子的关心很大程度上都是同理心在起作用。

没有孩子的人要如何培养自己的同理心呢？我的建议是多看一些电影，并且把自己的视角带入别人的人生中，敏感度会有所提升。

当然，也可以玩一玩剧本杀。在剧本杀中，由于我们在扮演不同的角色，此时就不得不让自己沉浸到角色中，并会借助这个角色的视角，体验他的生活，把自己的压力和情绪释放出来。这就是感性训练的过程。选择剧本杀的内容很重要，我建议多选一些关于亲情、爱情、友情的主题。

我有个合伙人，我觉得他不够感性，他不能理解女性客户感情上的需求。于是我邀请他去玩剧本杀。在扮演角色的过程中，他觉得这种活动很有趣，通过切换视角，体验别人的感受，他的同理心也增强了不少。

2. 提升判断力

现在是信息大爆炸的时代，我们身边总是充斥着很多无用的信息。为避免这些信息进入你的"榨汁机"，你需要在输入端设置一个"过滤"程序。

这个过滤的程序，主要用来过滤两类信息：一类是错误的信息；另一类是正确却无用的信息。过滤掉这两类信息后，我们再对剩下的信息进行"榨取"，将它们分门别类，并考虑如何输出。

提升敏感度，很重要的一点就是训练自己的判断力。判断什么是错误的信息，什么是没用的信息，并把它们剔除出去。剔除信息的过程，就是把芜杂的信息提纯，从而达到去粗存精的效果。

头脑清醒的人，既能捕捉机会，又能在第一时间拿出行动计划。机会稍纵即逝，提升判断力，可以让你在机会来临时迅速识别并做出正确的反应。

3. 居安思危

凡事预则立，不预则废，我不打没有准备的仗。我习惯在开始做一件事情时就想到最差的结果和最好的解决方案，然后想方设法把结果变得更好。就算最坏的情况发生，我也想好了应对策略，不会手足无措。

如果我不做好最坏的打算，心里会不踏实。在面对问题时，先把所有可能出现的情况都想一遍；最差的结果也要先想一遍；预防措施也要考虑清楚。

我在创业的时候，最先做的是列一份"死亡清单"。我需要明确知道我的想法会因为哪些事情"死掉"。不止自己会提前把这些全部想一遍，我还会把朋友请过来，让他们讲讲他们认为的可能"死"的情况，帮助我从更多的角度思考这份清单。

这种居安思危、提前想到最差结果的思维，让我有意识地训练自己抓取关键信息的能力。"死亡清单"，其实就是创业成功的关键信息。

每一次做创业项目之前，我都会先把可能失败的情况列出来，也会时常和朋友们分享我的成果，我叫它"创业者避坑指南"。我把成果写成了一份文件，将容易出问题的地方列出来，比如列出法律、税务、业务、销售、供应链、股权架构等方面可能出现的风险和问题。

到现在为止，我的这份文件一共记录了 36 个"坑"。每一次我做新项目或朋友想做新项目时，我都会让自己或朋友仔细研读这 36 个"坑"后，再付诸行动。

4. 逻辑记忆法：构建自己的逻辑网

我是一个记性不太好的人，对我来说，记住整个讲课稿，真是难于登天。但如果让我按照自己的逻辑来讲，我可以做到连续讲三天。我很清楚自己的长板和短板，我不擅长死记硬背，因此很少给自己增加记忆上的负担。

但是我又有很多很重要的事情要做。为了不让糟糕的记忆力成为自己的负担，我问自己：怎样才能提高敏感度，时刻保持清醒？于是我创造了属于自己的逻辑记忆法：将所有的事情放在巨大的逻辑网里，并做到逻辑自洽。

比如，我的助理告诉我，昨天晚上将雨伞给我了，而我完全不记得这件事。这时我就会启动逻辑记忆法：如果他真的将雨伞给我了，那么我一定会在他给我的时候思考"我要将雨伞放在哪里",因为我家里并没有存放雨伞的地方。如果他真的给我了,我一定会让他将雨伞拿走,放在他那里。一番逻辑推理后,我非常确认,雨伞一定还在助理那里。后来他也真的在自己家里找到了那把雨伞。虽然我记不住他是不是将这把伞给我了,但我用逻辑记忆法可以做出准确的判断。

用好逻辑记忆法,当我发现一件事与我的逻辑网不符,就会觉得别扭,好像有颗"豌豆"在背后硌着我。我不容许这颗"豌豆"安安稳稳地待在我的逻辑网里面,因此我要找到它。这样我就能定位到问题的关键。

在敏感度上,我们要像章鱼一样,有多条具有吸盘的触手。敏感度越高,你能"吸"起来的东西就越多,根基就越稳,基本盘也就越稳。

大家不妨思考一下,你在哪件事情上最专业?在什么事情、什么地方最挑剔?你到底对什么东西最敏感?

表达力是发现问题的"助推剂"

什么是表达力

表达力是个体有效交流思想、感情、信息或意图的能力，它涵盖了语言的清晰度、逻辑的条理性、情感的传达以及非语言表达的技巧。以下是它的几个关键方面。

第一，语言能力。这是表达力的基础，包括使用准确的词汇、语法和句式来清晰地表达思想和信息。良好的语言能力能够帮助听众更好地理解所表达的内容和意图。

第二，逻辑结构。表达时的逻辑性和条理性至关重要。逻辑性指的是表达时重点突出，论点和论据严密，要尽量做到无懈可击。条理性则侧重表达的层次感，这通常涉及信息的有序排列和论点、论据的有效构建。若表达缺乏逻辑性和条理性，听众就难以跟随表达者的思路，也很难理解听到的复杂概念或论点。

第三，情感表达。 在表达中融入适当的情感可以增强信息的感染力，使沟通更具有说服力和吸引力。情感的表达不仅可以通过言语，还可以通过语调、面部表情和身体语言来实现。

第四，倾听能力。 虽然常常被忽视，但倾听也是表达力的重要组成部分。有效的表达不仅包括输出信息，还包括接收和处理他人的反馈。倾听能力强的人能更好地理解对方的需求和观点，从而更精准地调整自己的表达。

第五，非语言表达。 非语言元素，如肢体语言、面部表情、眼神交流和声调，也是表达力的重要方面。这些元素可以增强或弱化语言的效果，影响信息的传达效果。

总的来说，表达力是一种综合的交际能力，它不仅关系到信息的清晰传递，也关系到与他人的有效互动和影响。提高表达力可以为个体的职业和生活带来显著的好处，包括改善人际关系、增强说服力和提高决策质量。

为什么说表达力是发现问题的"助推剂"

表达力是人们交流信息、观点、思想的能力，它在发现和解决问题的过程中起到了关键的"助推剂"作用。表达力对我们的帮助如下。

第一，促进信息共享。 表达力强的人能够更清晰、更有效地传达他们的观点和想法。在团队环境中，这种能力可以确保所有成员都能理解现有的问题，并共享他们的见解和反馈。这样的信息交流是发现潜在问题和解决方案的基础。

第二，加深理解和认识。通过有效沟通，可以更好地阐述自己对某个问题的理解，包括问题的根源、影响和可能的解决办法。这不仅能增进团队成员之间的理解，也有助于深入探讨和精细化问题的各个方面。

第三，激发创造性思维。表达力可以激励人们提出新的想法和观点。在探索问题的过程中，创新思维是寻找非传统解决方案的关键。良好的表达能力能够鼓励人们自由地分享自己的创意，从而增加找到有效解决方案的机会。

第四，建立共识和协作。在处理复杂问题时，通常需要团队成员的共识与合作。有效的表达能帮助团队成员理解彼此的立场和逻辑，促进协作精神，共同努力解决问题。

第五，增强说服力和影响力。强大的表达力不只是能很好地描述问题，还包括能说服他人接受你的观点和解决方案。

通过提高表达力，个人和团队能更有效地识别问题，提出解决方案，并促进决策过程。

如何锻炼表达力

关于锻炼表达力的途径，我有几个建议。

1. 通过"脱敏"建立表达自信

以前不自信的时候，我连竞选学生会干部都不太敢。就算硬着头皮去了，发言时也总是支支吾吾的，不敢表达。上课回答老师的问题时，我要做很久的思想斗争再举手。但当我开始"脱敏"，就建立起了人生的自信。

脱敏，就是反复刻意练习，直到得心应手。

就拿开车这件事来说吧。我在刚学会开车，还不够熟练的时候，总会找各种理由推脱开车，比如晚上看不清、眼睛不舒服等。其实真正的原因是想逃避这件自己还不怎么熟练的事情。

后来，我被迫每天开车去上司法考试的课，每天来回开车 2 小时。坚持了2 周时间，我就体会到了"脱敏"的快乐。我不仅不再害怕开车，和家里人出门时我还抢着开车。

拍短视频也是这样。我拍第一条短视频时，卡了 50 遍，我非常不开心，很多次都想砸了手机。我看视频中的自己，怎么看怎么别扭，每说两个字就会卡壳，真的很难受。但在拍了 100 条短视频之后，发现舒服多了，也顺畅多了。

直播也一样。最开始，我为了 2 小时的直播，一整天什么事都不干，拿着纸笔不停地写写画画，恨不得把直播时要说的话逐字写下来。现在，我直播了几十场，"脱敏"了，随时都能开直播，能聊"干货"也能聊家常，非常松弛。

还有一种"脱敏"是所有做 IP 的人都会经历的：在网络平台上出名后，一定会经历对黑粉[1]"脱敏"的过程。黑粉会在网络平台上攻击你，甚至尝试用各种手段搞垮你正在做的事。刚开始的时候，我非常生气，那些负面言论会令我长时间不开心。但后来，我对这件事有了全新的看法：只有当你在你的领域有了一定的知名度和一定的价值及影响力后，你才会招来黑粉。这样来看，遭遇黑粉是我们在做 IP 的路上大概率会经历的事情。随着你越来越出名，根基越来越深，你会逐渐"脱敏"。

2. 了解事情背后的深层逻辑

有人说，口才是天生的，但我不这么想，我觉得口才的背后是"脑才"，也就是思维能力和语言组织能力。一个人想清楚了，才能说清楚。如果你的大脑里一团糨糊，就算上台 100 次，你也没有办法讲得很好。当你把深层逻辑抽出来，想得非常清楚，并且讲你所做，做你所讲，你向别人表达的时候就会很有底气。所以，很多人说自己不会表达，其实是没有想清楚。

如果你想向我请教一个问题，我会先从底层逻辑进行分析——为什么我这么想、为什么给你这些建议以及如果你想做出改变应该怎么操作。我会帮你把问题拆解到很细的程度，你只要直接去做就能解决你的问题。我这么详细地将事情背后的深层逻辑表达出来，你可能马上就去做那件事了。相反，如果我仅仅告诉你需要改变表达方式，却没有解释这样做背后的深层

---

[1] 网络流行语。粉丝类型，他们不是传统意义上的粉丝，而是基于利益对特定明星实施抹黑作业的群体。

逻辑，你虽然很心动，但依然不知道该怎么办。

3. 站在对方的视角考虑问题

我的价值观是不能损人利己，我觉得要么共赢，要么我为你好。不是每一件事都要追求赢。所以，对朋友，我不考虑那么多"利或不利"的问题。

但如果是为对方考虑，就要了解他的背景。比如，面对有抑郁症的人，千万不要轻描淡写地说"想开点就好了"。未经他人苦，莫劝他人善。如果你没有了解他的背景，就去劝他，是没有任何用处的。了解了他人的背景，我们才能更好地从他人的角度向他人表达，从而达到相互理解、相互信任的目的。

4. 学会倾听

我们不仅要学会向别人准确地表达自己的观点，还要学会倾听别人的观点，同时通过问准确的问题去引导别人说出他的观点。在和各种各样的人合作的过程中，我有强烈的感觉：有的人表达观点清晰明了，直戳要害，让你感觉和他交流如沐春风；有的人喜欢绕来绕去，说了一堆话却让人不知所云。但不管对方是谁，要合作就需要沟通。以下几个策略，可以帮助你在与不同类型的人沟通互动时达到更好的效果。

第一，培养耐心和理解。对于那些表达不清或喜欢绕弯子的人，保持耐心至关重要。尝试理解对方的沟通方式，并给予足够的时间让他们表达完整的想法。这种耐心不仅能帮助你获得所需的信息，还能展示你对对方的尊重和专业性。

第二，适时使用澄清性问题。 当遇到表达不清楚的情况时，适当提出澄清性问题可以帮助对方更精确地表达。这些问题应具体且有针对性，例如"您能具体说说您在项目中遇到的主要挑战是什么吗？"或"您刚才提到的解决方案，能否详细解释一下具体步骤？"

第三，引导式提问。 如果你感觉对方说的话未能触及核心问题或信息表达杂乱，可以使用引导式的问题帮助对方整理思路。例如，你可以问："在您看来，此事最关键的考虑因素是什么？"或"您能否概述一下这个方案的三个主要优点？"

第四，总结并反馈。 在对话中定期总结对方的观点并给予反馈，不仅能确保信息的准确无误，还能引导对方更清楚地表达。例如"您的意思是……，对吗？"

第五，调整沟通方式。 根据对方的表达习惯和理解能力，适时调整你的沟通方式。对那些讲话直接明了的沟通者，你可以采用更直接和简洁的方式。对那些表达不清的沟通者，你可能需要更多的引导和总结。

第六，提升非语言表达的意识。 注意自己的肢体语言、面部表情和语音语调，这些非语言信号可以极大地增强沟通效果，帮助你和对方建立更好的连接和理解彼此。

通过这些策略，你可以更有效地与各种沟通风格的人互动，不仅能提升沟通的质量，还能增强合作的成果。

通过表达发现问题

如果想通过表达更好地发现问题，需要注意几个关键点。

1. 引入多视角

不管是在私董会上，还是在跟朋友聊天的过程中，我们总会发现多个视角，这对我们消除思维盲区非常有帮助。

比如，两个人吵架，各说各的理，因为两个人都用自己的视角理解问题。这时就需要拉第三人过来评评理，他可以给双方提供相对客观的视角。

你可能曾经在某个问题上迷失，但你表达完后，不管是通过自省，还是对方给你的反馈，你可能看到第二个、第三个、第四个问题。表达不仅仅是梳理思路的过程，更是从其他人的视角进一步归纳总结的过程。最后你可能会发现，曾经让自己迷失的，现在不会迷失了，还有了更多的解决问题的思路。

我们开"七步法"的私董会时，一般会叫来 10~12 位不同行业、不同身份，彼此没有什么利益相关的人。我们提出问题，每个人都会给我们不同的视角。这样，我们就能更加清楚地审视自己、审视问题。整场会议有两三个小时，大家先投票决定谁是问题的"案主"。2020年的某一天，我有幸被选中为"案主"。当时，我很纠结到底是回美国继续创业，还是留在国内发展，我感觉自己走到了一个十字路口。

会议的第一轮，每个人有90秒的时间快速提问；第二轮，要提问跟第一轮不重复的问题；第三轮，定义问题，他们认为我的真问题是什么；第四轮，每个人给我建议，分享各自的案例，以及能给我提供什么帮助和资源；最后，给我五分钟的时间让我思考和反馈。

当时，我一度认为这是我个人的事业问题，在进行了两轮大家对我的"灵魂拷问"之后，问题不断被挖掘，通过300个"为什么"，挖掘出我内心的真实需求。我一辈子都不会忘记，挖出这个真问题时我内心的震撼。这个真问题并不是在哪里创业更好，而是我和父母的关系有没有得到和解，该怎么办。

我想去美国，最重要的是因为，我的内心有一股劲，我要冲破父母的能力圈，干出一番事业，不让他们继续对我的人生干涉太多。

再深入挖掘这个问题，我发现我原生家庭的问题没有得到解决。如果这个问题没有解决，我只考虑出国与否，即使分析了所有的创业问题，我心里还是会有疑虑，因为最底层的动力被卡住了。

开完那场私董会后，我的状态有了很大的变化。我深深地体会到了定义真问题的力量。因为表达出来之后，很多事情不像我想的那样。毕竟，别人从这么多视角、这么多观点、这么多维度提供了参考，我解决问题的方法就不一样了。这件事情给了我非常大的启发，我也发自内心地认可私董会这种形式。

如果大家召开私董会，需要注意以下几点。

第一，私董会不能是"君王"和"幕僚"之间的关系。如果你是老板，你让你的员工来参加，员工是不会跟你说实话的，也不敢认真地挖掘你的问题。所以，你最好找一些跟自己维度差不多的各行各业的人来参加私董会。

第二，私董官必须很专业，每位成员都要非常专注地开会。因为气氛烘托不到位，案主是不会真正打开心扉的。案主要被反复解剖，深挖自己、面对自己的各种不足和问题，当然需要一定的心理承受能力。如果讨论问题时，一会儿这个人的手机响了，一会儿那个人要去喝水或者上厕所，还有人吃零食，感觉就像在开八卦会，效果就会大打折扣。

我们必须非常严肃、非常专业地开私董会，这样才能达到效果。我是私董会的受益者，后来只要有时间，我都会去做私董官，支持私董会活动。我希望帮助更多的人，让他们在私董会上受益。我从私董会上学到了问"为什么"，学到了拆解问题，学到了用多维度、多视角思考问题，学到了定义问题，受益匪浅。

2. 多做公开表达

随着社会的发展，信息化程度的加深，公开表达的形式日趋多样化。

例如，一条短视频爆火后，浏览下面的评论，你就会知道，黑粉是怎么抹黑你的，你破了谁的防线，你站在谁的立场，支持你的人又是谁，等等。

不管是短视频、直播、线下活动，还是各种各样的比赛，都可以让你从不同的角度得到更多的认知，进而发现并拆解问题。

我以前不太喜欢辩论赛，因为我觉得辩论赛就是钻牛角尖。我坐这一边，你坐那一边，我必须针对你的立场，但通常两边的论点和论据都很有道理。

后来，因为想看自己喜欢的辩手，我参加了一次即兴辩论活动。在活动过程中，我发现自己对辩论赛存在偏见。我拿到了一道辩论题，我发现想把这个辩论赛打好，前提不是怎么钻好牛角尖，而是站在对方的立场上，把对方可能想到的观点想一遍，再去思考怎么攻防。因为我要想到对方的所有观点，才能接得住招，才能反击。辩论赛不是在争论和辩解对错，也不是钻牛角尖，而是在这个过程中丰富我们的视角。

在《奇葩说》第 8 季的录制现场，一位导演找到我，表示非常看好我。因为我有一张青涩的娃娃脸，却在张口说话时爆发出了非常强大的能量和气场。不是专业辩手的找，连赢了六场比赛。

后来，我通过和导演聊天得知，他的节目选的不一定是辩论能力强的人，而是能代表某一类人的人。能够成为这群人的代表，为他们发声，而不是冷冰冰地讲理论。每个辩手都需要有自己的"标签"，比如，碎碎念的大妈、照耀世界的"爱神"、居家好男人、博学的人、名校高才生，等等。

所以，如果你的人设和其他人相同，那么你辩得再好也没有用。反之，如果你代表之前没出现的一类人出现，节目组就愿意给你更多机会。

我看清了这种综艺节目的本质。知道原来我们要想获得流量、获得扶持、获得认可，第一件事就要考虑自己能给别人提供什么价值，而不是我们自己想要什么。

因此，想做好公开表达，也要从根本上了解你所在的舞台需要你提供什么样的价值。

表达力不仅是日常沟通的必备能力，也是发现和解决问题的过程中要用到的关键技能。

你不妨想一下，不管是对他人的倾诉还是在公开场合演讲，你曾经通过哪一次表达刷新了自我认知呢？

判断力是发现问题的"指南针"

什么是判断力

判断力是指个体在面对情况或做决策时，准确评估和解释信息，从而做出明智选择的能力。这种能力涉及分析数据、预测结果、考虑不同的选择，并选择更好的行动方案。以下是判断力的几个关键，描述了这种能力的本质和重要性。

第一，信息评估。判断力涉及有效识别、分析和评估信息的能力。这意味着要从各种来源获取数据，并对这些数据的准确性和相关性进行批判性思考。

第二，风险和后果分析。好的判断力不仅包括分析现状，还包括预测不同决策可能带来的后果。这需要考虑各种可能的结果以及这些结果对个人或组织造成的影响。

第三，优先级设定。在做决策时，判断力还包括了解何时需要迅速行动，何时需要更多信息或更长时间思考。也就是要能区分何事紧急重要、何事次要或可以延后处理。

第四，道德和伦理考量。判断力还和考虑道德和伦理的维度有关。在做决策时，评估各种行动的道德后果和伦理合理性是非常重要的。

第五，决策的一致性和公正性。显示出良好判断力的个体在做决策时会保持一致性和公正性，确保决策过程对所有相关方都是公平的。

第六，学习和适应。判断力还包括从过去的经验中学习并根据新信息调整自己的思路和行为。这种适应性是处理在动态环境中不断变化的复杂情况的关键。

为什么说判断力是发现问题的"指南针"

判断力可以让我们更有指向性地发现问题。有些判断力强的人，看到一个现象，他的判断力就已经告诉他可以开始做什么了。

以我做 TikTok 的经历为例。因为我是做跨境电商出身的，所以刚开始接触 TikTok 时，理所当然地以为它是用来卖货的。

有一次，我做直播分享，主题是在 TikTok 上寻找新的机会。有一个人通过直播加了我的微信，对我说："笛子老师，我是一个经过国际认证的魔术老师。我最近很痛苦。我的魔术课在抖音上只能卖 39 元，不仅包邮还送一套教具。再这样下去，亏本不说，还特别耗费时间和精力。"

我当时非常吃惊。通过接触，我了解到他是一个很有魔术天分的人，他还获得了国际认证。用心做的高质量魔术课程，竟然只能卖到这么低的价格，我为他感到不值。于是我决定帮助他。

打开 TikTok，我发现魔术类的视频特别容易火。这类内容不需要刻意定向给某一类人群，它们的接受度高，评论量高，点赞数也非常高。因此数据非常好，起号容易，起流量也很容易。

我觉得他把魔术课直接放在海外卖应该不错。我帮助他研究了一个链路，我们都认为这件事大有可为。然后，我把他之前的视频做了二次编辑，发到了 TikTok 上。

这些经我们处理过的视频，在 TikTok 上发一条爆一条，大受欢迎。账号标签也迅速树立起来，粉丝的数量增长很快。

我们在每一条视频的结尾都加了"钩子"，用户点击魔术师的头像，就能得到免费的魔术教程。当然，这个头像也经过了精心的链路设计，点击之后，进入的是我们的网站主页。主页上有提示"免费魔术教程怎么领，精选的魔术课怎么购买"。

领取免费魔术教程的时候，用户需要提供有效的电子邮件地址。通过这种运营方式，我们成功建立了有效的私域。发了这些视频之后，99 美元的魔术课，两星期就卖出了几百份！而他在国内卖这些课，39 元也没人买。针对家长用户，我们还设计了魔术课的进阶计划。通过有条理的训练方式，打造适合儿童观看的趣味魔术，这也对提高产品销量产生了意想不到的效果。

我把这个案例的成功归结于拥有好的判断力。我能在自己并没接触过的领域迅速地发现问题，找到解决方案，并针对问题做出反应，这都是好的判断力给我带来的正向效益。

如何提高判断力

提高判断力涉及多方面的技能和习惯，通常需要有意识地练习和实践。以下是一些我认为比较实用的策略，可以帮助你提升判断力。

第一，扩展知识。持续获取新的信息和知识可以帮助你形成更充分的判断。阅读书籍、学术文章、行业报告和其他教育材料，能提升你对不同主题和情境的理解。

第二，多角度思考。在做任何决策时，都要尝试从不同视角审视问题。考虑其他人的意见和立场，思考不同的结果可能会怎样影响各方。这种多角度思考，有助于发展均衡而全面的判断力。

第三，实践批判性思维。学习和练习批判性思维，如逻辑推理、假设测试、论证分析和证据评估。批判性思维有助于你识别假设和偏见，提高分析信息的能力。

第四，求助于反馈。从他人那里获取反馈可以帮助你了解自己的判断力盲点。无论是同事、朋友还是导师，他们的视角和反馈都可以帮助你改进决策过程。

第五，拥有多样的经历。积极寻求新的经历和挑战，如参与不同的项目、旅行或接受新的职责。这些经历可以丰富你的世界观，增强你对不同情境的应对能力。

第六，模拟练习和角色扮演。通过模拟决策情景，你可以在无风险的环境中练习和改进判断力。角色扮演也可以帮助你从他人视角看问题，这是发展同理心、提升判断力的好方法。

第七，决策日志。记录你的决策过程和结果，回顾哪些做得好，哪些地方可以改进。这种自我反省有助于你识别自己的强项和弱点。

第八，培养耐心和自我意识。在做重要决策前，花时间思考所有的选项，不要急于做出决定。认识到自己的情绪和偏见如何影响自己的判断，是提升判断力的重要一步。

好的判断力能让我们在处理事情时不会失之偏颇，能迅速找到问题所在，从而提高决策效率，减少偏见影响，也能更合理地分配资源。

保持饥饿状态，持续发现问题

乔布斯有一句话："Stay hungry，stay foolish."意思是，永怀求知若渴之心，常存大智若愚之态。

我也一直保持着对知识的"食欲"，这样才能持续发现问题，持续充实自己。为了做到这一点，我刻意养成了以下几个习惯。

习惯一：利用好时间

第一，善用工具。事情无论大小，我都会复盘。比如，每天一早，我都会让助理将"今日待办"发给我，我会对当天要做的事情做大致判断，预估它们会占用我多少时间，我还有多少可灵活支配的时间。这样，我永远不会出现忙不过来或丢三落四的情况。

此外，对于能帮助我提升效率的东西，我一个都不会放过。比如，我研究了很多种输入法，也许有人觉得我研究这个浪费时间，其实不然。就拿讯飞输入法来举例，它的一些功能，我相信很多人都没有用过。虽然大部分人都知道讯飞的语音转文字很精准，却很少有人知道它有500条粘贴板，我复制的很多内容在粘贴板里都能找到记录。比如，我要对公转账，对方给我发来名称、银行账号、开户行。我选中其中一项复制并粘贴到转账界面即可，而不用来回切换界面。

另外，粘贴板旁还有一栏常用语，我会加入自己的常用语。比如，公司地址、电话号码、眼镜度数、发票税号、各种沟通模板等（见图2-1）。这些内容我会经常使用，而在使用讯飞输入法之前，每次要用这些内容我都要在手机里找半天。这个粘贴板节省了我大量的时间。

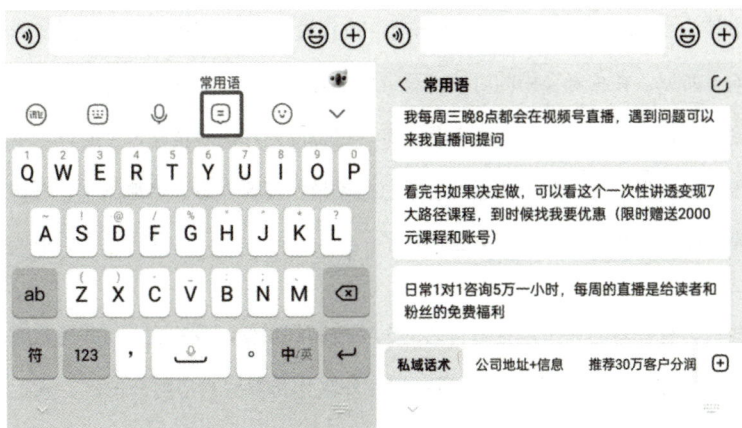

图 2-1　输入法的常用语界面示例

我一定要想尽办法把时间的密度和做事的效率提升，我真的特别享受"偷"时间的快乐。这种快乐让我不断产生"内啡肽的快感"，让我完全停不下来。所以，我会想尽办法，让我的时间利用得比别人更高效。我不放过任何一个工具，不放过任何细节。那些可以提前解决好的事情，我都会提前解决好。

第二，把时间花在前面。比如，我每次去父母家，都会开车到地下停车场。停车时，如果图方便，我只要直接将车开进停车位就行了，但出来的时候就麻烦了，得倒两下才能顺利出来；如果到停车场时我不图省事，多花 1 分钟倒车入库，那么出来的时候，就可以直接把车开出来了。

我每次都选择先倒车入库。因为我知道，我回父母家，一般都没有什么急事，晚一分钟见他们也没关系。但万一从父母家出来时遇到了十万火急的事情，我就能以最快的速度开车走，并且最大程度上降低车被剐蹭的风险。所以，在相对轻松的时候，我会提前将准备工作做好，这样才能在遇到紧急情况时从容应对，而不是让本可以提前处理的事情在这个时候忙中添乱。试想一下，如果我遇到了紧急的事情，还要火急火燎地倒车，万一发生剐蹭，我的心态就要"爆炸"了。

我认为有智慧的人一定会将自己的风险控制到最低，我叫它"自我风险管理"。电影《教父》中有一句话：把意外当作是侮辱自己尊严的人，永远不再遇到它。我一定会将自己的风险控制到最低，这样不仅是对自己负责，更是对家人、合伙人、下属负责。控制风险不是嘴上说说，而是在自己最悠闲轻松的时候，就思考如何为自己攒下深厚的底子。这是一个"先存钱再花钱"的思维方式。因此，我一定会把麻烦的事情放在前面解决，把简单的事情放在后面。

第三，善用艾森豪威尔法则。艾森豪威尔法则也被称为"四象限法则"（见图 2-2）或"十字法则"，是时间管理的重要理论，其精髓是区分事情的轻重缓急、按部就班地做事。

四象限分别是：重要紧急、重要不紧急、紧急不重要、不重要不紧急。重要紧急的事情，不用说了，肯定是第一优先级；不重要不紧急的事情，尽量全部砍掉。

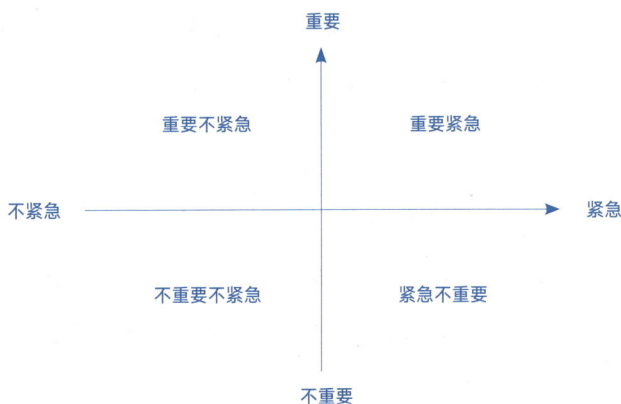

图 2-2　四象限法则

有一点非常值得注意：一定要高度重视紧急不重要的事情。很多人会被紧急不重要的事情牵着鼻子走，比如没袜子穿了今天就必须洗袜子，这不是重要的事，又不得不做。但这样的事情多了，你就会发现一天的时间全被占用了，而那些重要却不那么紧急的事情，会因为你每天都没有时间而一拖再拖。

当重要不紧急的事情一拖再拖，就很有可能升级为重要紧急的事情。这时你就会被迫将它调整为第一优先级，并挤压掉做其他事情的时间。万一这个时候又出现一件紧急的事，或者有一件意外事件需要处理，你就会觉得顾此失彼，无法兼顾。

很多人将这种情况归结为自己运气不好：如果当时不是因为某个特殊情况，我肯定能将某事做好，就不会是现在这个结果了。

这样的句式，你一定听别人说过，甚至自己也这样找借口。现在看来，是不是可以运用拆商，尽可能地避免它，提升自己人生的"安全性"呢？

习惯二：善于表达

表达，就是输出自己现有的东西，将自己"掏空"，这会让人拥有对知识的"食欲"。我每次想学习新东西或想提升能力时，都会想办法给自己设置一件需要进行输出的事，这样我会更有动力。

比如，我们公司每周会召开一次周会和一次分享会。周会就是复盘，发现问题、解决问题。在分享会上，我会分享新的知识。这是我强行给自己安排的学习机制。因为我需要给员工做个榜样，所以在分享前我会强迫自己认真学习新的知识。我每次给员工讲的新知识，他们都觉得确实不错，也会有所进步。

对我来说，由于每次都要讲我认为好并且新的内容，就必须不断充实自己。在这个过程中，我会吸收很多新的知识，也会发现各种各样的问题，这对我的人生也很有帮助。我还会挑选一两个员工让他们来分享，让大家都能不断地保持输入和输出的状态。

微信朋友圈也一样。我每天都会发朋友圈，因为这是私域运营的功课。以前我甚至会强制要求自己像课程表那样列出内容，现在我不会这样做，因为刻意运营人设不是目的，而是手段。这个手段让我们清楚地感知到，我们发不同的内容会收到什么样的反馈。通过反馈我们就能认识到怎么激活现有私域，怎么提升与用户的亲密度。

在了解了这些之后，我就不再刻意打造朋友圈。我会发一些活动、实用内容、感慨、日常生活。我很清楚我发每一条朋友圈的目的是什么；针对朋友圈的反馈，我又要做出什么样的调整等，这就是我的习惯。

养成习惯，持续进步

要想持续进步，需要养成好的习惯，我的建议如下。

1. 微习惯的养成

微习惯，是一种非常微小的积极行为，也是让我们能坚持做一件事情的好方法。因为在养成习惯的过程中，最关键的问题就是克服心理障碍去开始做一件事。而只要你养成了第一个习惯，后面再养成更多的习惯就简单了。这样，你就能感受到习惯的威力了。

有些事情我也很难坚持，因为我从心理上就对做这件事有障碍。比如，以前我计划一天要背 100 个单词，但我却不愿意开始，因为一开始就要背100 个，这让我很痛苦，于是我就不肯开始背了。

后来我给自己设置了一个底线——每天背 1 个单词，这样我就克服了最大的阻力——背单词的心理障碍。翻开书，倒好咖啡，心想既然已经背了一个单词，不如多背两个，不知不觉就背了 10 个、20 个。

第二天，我又可以开开心心地坐下来，背新的单词了。觉得反正没什么事做，不如再背 10 个吧，就这样，我养成了背单词的习惯，也不觉得坚持下来很痛苦。如果要是每天都规定自己背 100 个单词，我大概率坚持不下来。

又比如你想养成每天做 1 个俯卧撑的微习惯，你把瑜伽垫铺好，趴在上面了，会觉得只做 1 个很亏，不妨再做几个，而这会在你内心形成正反馈，即自信，你会觉得坚持下来很好。你的习惯就慢慢养成了，而且你也不会轻易断掉这个习惯。

2. 避坑指南

在我分享的所有课程里，都有"避坑指南"。因为我踩的"坑"太多，想分享给大家，希望大家不要犯我犯过的错误。这些"坑"还可以激发用户结合自己的经验来提问。而我在回答他们问题的过程中，又会发现新的问题，然后把它们写入"避坑指南"进行迭代。

3. 引入其他人的视角

有时候我会故意让别人来挑战我，这样我们会就一个观点展开讨论。这种方式能引起别人挑战自己的欲望，能让你很快获得很多信息，知道自己的问题在哪里。

比如，我不知道三亚有什么美食。我可能会提出这样一个观点：三亚没什么好吃的，不服来辩。这时就会有人说，我不同意你的观点，我知道哪里有什么好吃的。在"辩论"的过程中，我们互换了信息。

4. 学会抓重点

我身边的人对我最多的评价就是"你一天哪来的那么多精力，能干那么多事。同时，还能管得了那么多东西"。我觉得核心就是抓重点，我没有很多信息负担和记忆负担。

比如，我做事只挑不可替代的事情去做，我相信不可替代的一定不是我的双手、双脚，一定是大脑。所以，所有做决策、获取信息、思考问题、提出解决方案、做战略、执行细节等，我都会做。但可替代的事，我就会让下属、助理或其他人去做。

但在我判断一件事情时，如果发现支撑我做决策的信息不够，我也会"下地干活"。比如，因为没有直播过，我不知道直播间该怎么提升流量，不知道和用户互动的感受是什么，我就会自己去直播，完成从0到1的过程。

比如做 TikTok 直播，我打算招聘主播，又不知道到底是花高薪去请成熟的主播好，还是自己培养比较好，于是我就自己直播了一个月，大年三十我都在直播，看能拉动销售和人气的到底是什么。我要亲身体验过，才能做决定。

当我掌握了这些信息后，我就不会继续直播了，我可能会找员工和主播来播。我想告诉大家，对机会和问题，要像乔布斯所说的，要保持一定的饥饿感（"食欲"）才行。而保持"食欲"的关键，就是探索问题的动力。如果一个方法能够让你用到 3 遍以上，不断地让你发现新的可能性，那么这个方法就应该变成你的习惯。

发现问题，是拆解问题的第一步。如果不能主动发现问题，就没有办法定义问题，更别谈拆解问题了，我们的人生也就充满了危机与不确定性。如果想主动发现问题，就需要时刻保持好奇心，对遇到的事情刨根问底；提高自己的敏感度，让自己更快地发现问题；同时，锻炼自己的表达力，获得更多的视角和更宽的视野；提升自己的判断力，从而更有指向性地发现问题；保持"饥饿感"，不满足于现状，持续地发现更多的问题。

第三章

定义问题

定义问题，是大部分人在解决问题时会忽略的重要环节。很多人都急急忙忙地要解决问题，却没有意识到，自己想去解决的问题根本不是真问题。

举个生活中最常见的例子，很多异地恋的人认为自己与伴侣分手的原因是异地，但异地并不是导致双方分手的真问题。它背后可能有三观分歧，有沟通方式的问题，也可能和两人的问题解决机制有关，或者是需求冲突没有得到解决，等等。而异地是一个"放大器"，将背后这些更本质的问题放大了，最终导致两人分手。

如果你认定了对方与自己分手的原因是异地，你就会想尽办法解决异地问题。你可能会辞掉工作，离开家人，去对方的城市生活。但是，你去了就会发现，你们的三观分歧、沟通不畅等问题仍然没有解决，你们还是会因为这些问题吵架，最终还是会走向分手。

所以，如果花时间和精力解决的问题不是真问题，我们难免被撞得头破血流。在这里，我要再次强调本章的重要性，因为它将从根本上改变你看待问题，甚至对待这个世界的方式，也会改变你的思考方式和解决问题的方式。

准确定义问题的重要性

创业，本质上就是解决问题，解决自己的问题，同时也解决别人的问题。解决问题的前提是发现问题，而且能准确地定义问题。很多人做自媒体做不好，账号有流量却没有进账，是因为他们没有定义清楚问题，所做的账号没有变现定位。

定义问题出现偏差的原因

很多人经常在定义问题时出现偏差，原因如下。

第一，每个人都有自己的信息茧房。 每个人都有视野盲区，就像我现在看着前方，后脑勺就是我的盲区。所以，在面对问题的时候，往往会有"路径依赖"，或者说是思维依赖。我们想当然地认为要解决的是眼前的问题。

在大部分情况下，眼前亟须解决的问题并不是真问题。真问题是什么呢？我们需要往下挖，造成这个问题的问题是什么。再问自己一遍，造成前一个问题的问题又是什么。挖到最底层不能再挖的时候，最后这个问题或许才是真问题。但是，很多人在寻找真问题的过程中并没有意识到，自己在深挖问题时挖歪了。

在一个项目开始时，我们可能会求助亲朋好友，和他们一起讨论这个项目的可行性。对方可能会质疑，也可能会就具体的问题给出建议。但大部分情况下，他们已经默认你提出的问题是真问题，所以讨论会集中在解决你所提出的问题上。如果你提出的问题不是真问题，你想到的解决方案也必然不能解决项目开展的难题。即使你付诸了行动，也达不到预期的效果。你解决的是事情表面的假问题，只能解一时之困，你的真问题并没有被挖掘出来并解决。

其他事也一样，要去挖掘最深层的问题。

第二，惯性逃避真问题。真问题往往是难以解决的问题。很多人告诉我，自己的产品很好。可当我问起怎么销售时，得到的回答往往是他们不擅长销售，只擅长做产品。那问题就大了，先完成产品，再开始销售，并不是最优的选择，不能因为销售产品比生产产品更难而忽略它才是真问题的事实。

做生意或做事业的每一个环节，都有可能产生很多假问题。除非你已经解决了所有其他环节的问题，或者找到了可靠的变现路径，不然直接从流量问题入手，肯定不是最好的选择。我们在创业时，常会习惯性地逃避真问题，总想先做流量，这就是"惯性逃避"。

比如，在短视频这个领域，怎样把流量变现，是很关键的问题。不管是做公司 IP，还是做个人 IP，流量和变现之间并不是直接画等号的。很多人的真问题是如何变现，而不是如何获取流量。如果只是想清楚了怎么把流量做起来，但没有想好如何变现，说明还没有找到真问题，你的项目也没有找到赚钱的闭环。

定义错误的后果

定义错误导致的最直接的后果，就是解决问题的难度变大、周期变长，甚至产生更多的问题，让人在心力交瘁中承受失败的痛苦。

诺基亚曾是全球手机市场的领导者，一直以优秀的硬件设计和制造质量著称，如良好的信号接收、耐用的机身和良好的拍照功能。然而，在智能手机时代，软件平台、用户界面设计和第三方应用生态系统的重要性，远远超过了硬件。诺基亚未能充分认识到这一点，继续把重心放在硬件上。尽管后来推出了基于 Windows Phone 系统的 Lumia 系列，但为时已晚。诺基亚错过了智能手机软件和应用生态系统发展的关键时机，逐渐失去了市场领导地位，导致手机业务板块的衰落。

如何避免定义错误

准确地定义问题不仅关系到资源的有效利用，也关系到解决方案的实施效果。这里有几个关键因素可以帮助我们避免在定义问题时出现偏差。

第一，充分的信息收集与分析。在尝试解决问题之前，充分收集信息和分析信息至关重要。了解问题的所有相关背景，确保以完整的数据为基础进行决策。

第二，多角度思考。尝试从不同的角度审视问题，有助于看到问题的多个层面，避免因视角过于狭窄而忽视关键因素。

第三，利用专业知识。在处理复杂问题时，利用好相关领域专家的知识，参考他们的专业意见。他们往往可以提供更深入的见解，帮助你正确识别问题的本质。

第四，试验和反馈。在实施解决方案前，可以通过小规模的试验来测试假设的有效性，及时调整策略以响应实际情况。

第五，持续地评估。实施解决方案后，进行必要的评估和调整，及时发现问题并纠正方向。

准确地定义问题对于拆解问题至关重要。如果定义问题出现偏差，后果会相当严重，会让我们总是产生费力不讨好的感觉。我们要尽量避免对问题的错误定义，找出真问题。

要有明确的目标

目标明确的人，更容易精准地定义问题。如果我们以终为始，目标是终点，问题就相当于到达终点过程中的无数个节点。如果目标不明确，走一步看一步，中间的节点就容易发生偏差。如果目标明确，节点便更精准，解决问题的效率自然更高。

有一个想做 AI（人工智能）课程的客户向我咨询，我帮他拆解了问题：他的目标是什么，想赚多少钱，打算通过什么赚钱。他的目标是 GMV（商品交易总额）50 万元，方式是通过发售 AI 课程吸引会员，以此来赚钱。目标明确了，就可以进一步拆解问题了。我们分别拆解了客单价、需要拓展的用户数，以及实际购买课程人数等问题。这样下来，怎么实现这个目标，要采取什么手段，就十分清楚了。

我们继续拆解中间节点，比如 IP 怎么做、内容怎么定位、选题怎么选、短视频怎么做、直播怎么做、AI 直播的时候要和多少人连麦、怎样吸引流量、吸引多少私域流量、有了私域流量之后怎么做发售，等等。

我们把达成"GMV 50 万元"这个大问题，拆解成了无数个小问题，然后一一解决，非常清晰明了。本来他不清楚自己到底该怎么做，感觉做 IP 和变现之间很遥远。我为他拆解后，他一下子就觉得要做的事情变得具体了，对实现目标有信心了，也更有干劲了。他每周做内容更新，做直播，只用了半个月，粉丝就涨了几千人。接着他又安排发售、做产品，效率很高。

目标清晰、解决问题效率很高的人与普通人的区别在于，目标清晰的人能够纵观全局，先从宏观角度审视，再深入到微观层面；而普通人则很可能迷失在微观里，无法抽身看到整体。

就像读一本书，一定要先了解整本书的框架，知道自己读的是哪方面的内容，再去读细节。如果读书只读局部，一上来就读细节，就可能因为看到你不喜欢的某个细节，就觉得这本书不是自己喜欢的类型。如果你先去了解这本书的全貌，再去详细了解它的所有内容以及它对你解决整体目标的意义，就不会被中间的某些细节局限，更不会被误导了。

如果你觉得自己没有目标，或想让自己的目标变得更清晰，我的建议如下。

1. 尝试从自己的维度表达

不说出来，你的逻辑问题就很难被发现。从自己的维度表达的过程，就是检查自己内在的过程，会让我们发现一些只靠思考发现不了的问题。

比如，我给你讲一件事，可能虽然你还没有给我任何反馈，但我说着说着，就发现了一些之前没有发现的漏洞。我们的思维是跳跃的，但和别人讲话时，为了让别人听明白，我们必须讲得连贯、有逻辑。所以，之前的一些逻辑漏洞，在表述的时候就会被发现。在完成自检后，我们可能很快就明确了自己的问题在哪里。

2. 拉长时间维度

如果你感觉自己遇到了一个很大的难题，找不到前进的方向，不妨将时间维度拉长。

目标感强的人，会把点、线、面、体结合起来看问题。一方面，我们看问题的维度要足够多；另一方面，我们看问题的时间跨度要足够长。

比如，有些人习惯花钱享受，没有储蓄的习惯，到了急需用钱的时候，才发现钱有多珍贵。那时再唤醒攒钱的斗志，就为时已晚了。

再比如，很多人在高中时唯一的目标就是高考考出好成绩。可是在考出好成绩之后呢？人生并不会戛然而止。我们还需要考虑去读哪所大学，读什么专业，从事什么工作，过什么样的生活等诸多问题。如果考入一所不错的大学，盲从地学了这所大学相对好的专业，是否就能对你的职业规划乃至人生规划产生正面的影响呢？其实未必。

因此，我们要提前看到一件事情在时间维度上的发展趋势，提前想到自己所做的事情在每个时间阶段的变化。有些人觉得自己不在乎钱，不缺钱，可是从时间的维度去看，我们在乎的亲情、家庭有可能在未来需要金钱的支撑。那么我们能否为此去多赚钱，实现目标呢？如果看到自己的目标不只是为了自己过好生活，也是为了家里人能过上好的生活，这样我们的目标感就能更好地被激发了。

3. 不断体验前行

目标感不仅可以逐渐培养，也可以在生活中领悟。在绝大多数情况下，人经历一些事，受了打击，就能发现到底什么才是自己真正在乎和珍惜的。

我的父亲认为，对一个女孩子来说，嫁个好人，平平淡淡地过完一生就好了，不要追求事业做得多好，赚多少钱。可当我拿到法律资格职业证书，做了一段时间的律师助理后，我感觉自己过得并不开心。不是因为我懒，而是我觉得这些事不能促进我成长，只机械地做事情，就是在浪费生命。但是，因为我不够强大，所以我不能拒绝这样的工作安排，不能对自己不想做的事情说"不"。

我很清楚，只有自己变得足够强大，才能不仅仅局限于做一个助理。因此，我必须不断提高自己的能力，就这样，我的目标感被激发出来了。

因此，我们要想办法找到能够激发自己目标感的事物。生命在于体验，你不断地体验，不断地接触新鲜事物，不断地走在路上，也许有一天，你真正想要的东西就会出现在你的眼前。不去体验，你可能终其一生都找不到让你眼前一亮的东西。

没有目标的问题，都是伪命题。只有目标清晰，你才能不断提出好问题，并解决问题，不断地提升自己。

4. 用高维视角看问题

我有一个闺蜜叫王璐，我们都称她为"保险一姐"。她的团队在保险行业做得非常好。她的目标感很强，她曾规划团队要有 1000 人，可目前只有

100 多人，只完成了目标的百分之十几。但她对整个团队的培养、管理、服务的标准，都是按照 1000 人的级别去匹配的。

她的吸引力很强，她不怕认识其他销售人员，也不怕天天被推销。一个普通的保险销售业务员，可能会天天想办法找你，询问你需不需要买保险。但是要实现组建千人团队的目标，只靠自身的吸引力是不够的。她确立了一个更高的维度，专注于吸引高净值客户，并希望激励更多人以她为榜样，崇拜她并加入她的团队。她要把自己打造成"资源枢纽"。

她把自己在成都和全国各地的资源整合起来，要么去采访别人，要么参与各类聚会，不断地在朋友圈分享与各界人士的合影。在出席一些大型年会时，她还会把这些优秀的人全请过来给她的团队颁奖。对颁奖者来说，这不仅是对他们的认可，更是一种荣耀。而她的团队成员则觉得自己能通过她接触到成都最优质的资源，目标感更强了。

很多公司老板也愿意和她在一起，因为她把成都的医疗、媒体、教育等各种大家梦寐以求的资源，都聚合在了自己的手里。

但她并不在这些人身上牟利，她不会对我说"笛子，买份保险吧"。我们俩相处得很好，到了年底，我问她要不要冲个业绩，我愿意在她这里买份保险。她说自己的业绩早已达标了，但团队里还有一两个没完成业绩的成员，她希望我能帮他们冲业绩。

她关注着两类人，这两类人都很佩服她。一类是她的资源方，都是些能力很强的人；另一类就是她的团队成员。

她的目标感很强，但她的目标不是多推销两份保险，多赚两笔保费，而是把团队做大做强。她看待问题也更接近问题的本质，更精准，解决问题的效率也更高。

如果你想做一家强大的公司，甚至是世界 500 强企业，你管理公司的维度就要更高，看问题就要更接近问题的本质，不能局限于处理鸡毛蒜皮的小事。当你的维度更高时，低维的问题就变得不难解决了。

明确的目标可以让我们更准确地定位问题。为了明确目标，要尝试尽可能多地从自己的维度表达，这是一个自我梳理的过程，让自己的目标更加清晰；还要拉长时间维度，明确每个小目标的意义以及它能带来的好处；不断地体验前行的感觉，更新和迭代自己的目标列表；同时看到更高的维度，以全局的眼光看待问题。

制定目标一定要具体，要包含无数的小问题。如果你能够找到这些小问题，就能更好地优化目标。清晰的目标感，能让人方向更明确，也更有信心去实施计划。

定义问题的方法

到底该如何准确地定义问题呢？我总结的方法如下。

找到真问题

我有个思维习惯，在解决某个问题之前，先明确要达成的目的是什么；这个目的还有没有别的方法可以达成；假设我已经达成了，会不会还有问题要解决？

一些人会有假问题，比如学法律的人，会把通过司法考试作为一个真问题，觉得要想尽办法通过司法考试。这当然没错。但假设你已经通过了司法考试，那么你接下来的问题是什么？答案可能是要做一名律师。那么做一名律师，你面对的问题又是什么？你要有客户。客户从哪里来，你周围的资源够不够？这样深入下去，是不是就找到真问题了？

所以，准确定义的第一步，就是找到真问题。这就需要我们有明确而且长远的目标。

向上溯源

1. 使用"五个为什么"技术（5Why 法）

5Why 法是一种简单有效的分析根本原因的方法，它通过连续问 5 次"为什么"来寻找问题的深层原因。这种方法是由丰田汽车公司在质量管理过程中发展起来的，目的是追踪问题至其根源。以下是使用 5Why 法的步骤。

步骤 1：确定问题。

首先，明确你面对的具体问题。这应是一个具体的、可以观察到的问题，而不是一个假设或推测。

步骤 2：开始问第一个"为什么"。

询问第一个"为什么"，即为什么这个问题会发生。这个答案应基于事实而非猜测。

例如，

问题：生产线上的机器停止运转了怎么办？

第一个"为什么"：为什么机器停止运转？

答案：因为电机烧毁了。

步骤 3：追问第二个"为什么"。

基于对第一个"为什么"的回答，继续追问第二个"为什么"，深入到问题的下一层原因。

例如，

第二个"为什么"：为什么电机会烧毁？

答案：因为电机的润滑程度不够。

步骤 4：继续追问第三、第四、第五个"为什么"。

重复此过程，每次都基于对前一个"为什么"的回答进行追问，直到问到第五个"为什么"，或者直到你觉得已经找到了造成问题的根本原因。

例如，

第三个"为什么"：为什么润滑程度不够？

答案：因为润滑泵坏了。

第四个"为什么"：为什么润滑泵坏了？

答案：因为润滑泵内的过滤器被堵塞了。

第五个"为什么"：为什么过滤器会被堵塞？

答案：因为维护团队没有按计划进行定期检查和更换。

步骤 5：采取行动。

一旦找到了问题的根本原因，下一步就是制订和实施解决方案，以解决这个根本原因引发的问题，防止问题再次发生。

例如，

解决方案：重新设计维护计划，确保定期检查和更换过滤器，并对维护团队进行培训。

通过使用 5Why 法，你可以洞穿表面问题，深入定位问题背后的系统性原因，并据此制订更有效的解决方案。

2. 以终为始的倒推

有时候，追问几个"为什么"之后，发现的真问题与你曾经以为的问题截然相反。我大学毕业时想做一名律师，因此，准备参加司法考试。那时司法考试的合格率差不多是 8%。我见缝插针地学习，想一次就考过。

考试之前，我同时面对五门法律课，每门都有无数的法条，无数的案例，无数的真题，需要我背诵、复习、练习。我准备了半年的时间，很痛苦。但成绩出来，我只过了四川省通用的合格线，没过全国通用的合格线。

当时我很沮丧，我觉得司法考试很难，感觉自己掉进了深渊，被困在了这个问题里。后来我反复思考，想着大部分人考几年都没有考上，我要是考七八年也没有考上该怎么办？

后来，我专注于"怎么通过考试"这个小问题。

很多时候，我们会放大表层问题，产生焦虑。当你能看到更本质的问题时，你就会发现问题并没有想象的那么大。就好比你一直盯着白纸上的黑点，就会觉得黑点越来越大。当你看清它只是个点，你的压力小了，心态也就平和了，再面对考试，很可能发挥得更好。于是，我放平了心态，第二年，我真的高分通过了司法考试。

3. 做情绪的主人

和普通人相比，高手把控情绪的能力更强。

我希望你认真思考一个问题：你是情绪的主人，还是情绪是你的主人？想想看，是你操控情绪，还是你被情绪操控。

我们公司里很多员工都怕我，担心做错事情被我训斥，有时候我确实会对员工很严厉，让人认为我生气了，或者我有情绪了。但事实上，我的内心并没有情绪。经过多年的创业，我很清楚和员工相处一定会遇到的问题和解决的方案，也很清楚对待不同的员工用哪种方式更有效。

对敏感型员工，我稍微提示一下就能有很好的效果；而对压力型员工，我需要明显表现出我的情绪，才会给他增加动力。

所以，我表现出来的情绪不是我的真实情绪，我是在使用我的情绪来达成目的。与真的生气、有情绪相比，主动权在我的手上。

要做情绪的主人，而不被情绪控制，不要不自主地做一些可能让事情变得更糟糕的事。

我对情绪的掌控，从识别情绪，到控制情绪，再到使用情绪，经历了三个阶段。培养自己的拆商，可以将情绪拆成三个阶段，逐一练习和掌控。

学会用高级的方式提问

第一，不要问封闭式的问题。比如，为什么他非要刁难我？问出这个问题时，人往往已经有结论了。"非要"和"刁难"两个词，都说明了你陷入了情绪，并引导你走入一条歪路。这样问，等于没问，这就叫"假为什么"。

第二，不要贴标签。标签是结论型的，比如"为什么非要刁难我？"是一种主观的判断，"刁难"就是标签。我们所问的问题里不要有标签。你可以问"为什么发生这种情况",这个问题就比较客观。

标签就是情绪,问题不带标签,就没什么情绪。"自私""偏执""双标",都是标签。标签一定会把我们的思路限制住。

所以,提出问题的时候,先平复一下自己的情绪,不要带着情绪去问。因为带着情绪去问,就很难做到理性判断。

第三,试着用"熔断"的方式,让情绪冷静下来。比如,有情绪时,我会做其他事来转移注意力,等回过头来再想这件事情。

熔断的方式因人而异,毕竟每个人的喜好不同。可以去玩一会儿游戏,下一盘围棋,听几首喜欢的歌曲或看一场电影,观摩一场话剧,让脑子暂时清醒一下,切换一下状态,回来继续想之前的问题。

送给大家一句话:身处迷宫的时候,要不断地去找出路。多问为什么,可以让思想升维,之后,就能俯瞰迷宫了,不用一条条路线去试,也能找到出口走出来。

你不妨思考一下,在工作或生活中,有没有遗憾的事?你把这件憾事,用向上溯源的方法拆解一下,看看今天对这件事的看法和过去有什么不一样。

引入多视角

问问周围利益相关或不相关的人，看他们会怎么定义你现在所面临的问题；或者用 ChatGPT（一款由 openAI 开发的生成式语言模型）为你找到 20 个答案，看看能不能对你有所启发。这样你就能获得多个不同的视角。

多个视角，就是从多种需求、多种情境出发，去看待问题。因为一个人的视角是有局限的，每个人思考问题都会受经历、背景的限制，所以，你要突破自己的经验、背景、认知的局限，从更多的维度给出答案，这样能更好地定义问题。

从某种意义上来说，这样做也可以帮自己消除盲区，把一些没想到的问题想一遍，这样，定义问题的思路会更清晰。

正确解析角色

要准确地定义问题，就要正确地解析事件参与者的角色。这里有几个核心点。

第一，考虑这件事情对谁有影响。这个思路是我从辩论中得来的。我们答辩论题时，辩题的观点非常难想，即使想到几句话，也撑不起来 5 分钟的辩论时间。当时我的教练告诉我，你要考虑这件事对谁有影响，是正面影响，还是负面影响。

正面影响，就是对谁有利益；负面影响，就是会损害谁的利益。我们每做一件事，都需要考虑动了谁的蛋糕，竞争对手会不会来"陷害"自己。

做项目、做事业，也是一样的道理。我做一个决定，意味着公司的发展需要跟着这个决定走。那我的合伙人会同意吗？他们是什么感受？这些都是我需要考虑的问题。我的决定会影响他们的收益，说白了就是我的决定会让他们亏钱还是赚钱？会让他们亏多少钱？赚多少钱？

第二，要解决这个问题，需要哪些人的帮助。比如，要打造自己的自媒体账号，我需要谁的支持。我是否需要有流量的人来为我站台？我是否需要写一本书来推广？我是否需要本行业协会的人来帮助推广？我是否需要一个资深的操盘手来为我操盘全局？我是否需要懂短视频和直播的人为我指导？等等。

第三，考虑间接相关的人。比如，我们所做的事情对家人的影响。执行某个项目可能会让你特别忙、特别累，这会不会影响你和家人的相处？

很多人只关注赚钱本身，却忽视了信誉和品牌这些无形资产，它们也是一种货币形式，具有不可忽视的价值。

我们做任何事情都会触及一个利益反馈链条，这种链条有长有短。不是每一件事情推动后立即就有反馈，有些事情的反馈链条很长。因此，看到相关的人和事时，必须分析清楚金钱的链路。

如果看不到这个链路，就会因为走几步后不见收益，就不想干了。有时候我们需要绕一大圈，才能收获更多的钱和更大的利益。

看到的相关性越少，赚钱的路径就越少，局限性就越大。短线的快钱会越来越少，信息差也会逐渐被消除，现在那些能赚到钱的人，事业格局的维度会越来越高。所以我们要提升自己的格局和维度，才能在这个时代脱颖而出。

第四，不要只考虑因果。因和果，是非线性关系。事情在变好之前，可能会先变坏；事情在变坏之前，可能会先变好。很多事都不遵循线性的因果，从本质来说，事与事的相关性在不断发挥作用。

事物与事物的联系越来越复杂，如果仅从因果的角度思考，你可能找不到影响这件事情的变量。只有看到底层逻辑，才可以更好地拆解出引起事物变化的因素。

很多人说，直播间卖的是知识和"干货"。但是很多老师表面上卖的是知识和"干货"，实际上卖的是情绪，因为你在下单购买的那一瞬间，会有强烈的满足感。很多人买了课程却不听，就是这个原因。

重视人为因素

我们想问题、办事情，应当有重点与非重点之分，要善于抓重点、抓关键，集中力量解决主要矛盾。同时，主要矛盾和次要矛盾也会相互转化。即使是一个小角色，在不同的环境下，也有可能变得很关键，对事情产生至关重要的影响。而之前很重要的人，很可能随着时间的变化，变得不那么重要。

我经历过这样的事情。我的合作方和客户，都是涉及几百万元、几千万元标的额的人，是我认为的重要和关键的角色，我一直维护运营得很好。但是，我却被项目中一个不起眼的、月薪几千元的员工"坑"得很惨。

这个员工刚到公司时是一个业务小白。他学历不高，经验也不足，但我看他踏实肯干，就把他留在身边，并且规划了专属于他的晋升机制。

我把自己探索出来的重要经验毫无保留地教给了他，同时也很尊重他，关心他生活的各个方面。但是，他渐渐习惯了我对他的好，觉得这些是应该的，反而长了脾气。

有一次，在对接完重要客户后，他向我提出加薪 50% 的要求。我认为他还没有做好当下的事情，就拒绝了他。这时候他威胁我，如果不满足他的要求，就会搅黄他正在跟进的项目，还表示要将我们的独家方案卖给竞争对手。

虽然后来我把这件事情平息了，但心里依旧难以接受。一方面，我难以接受自己亲手培养的人会做出这样的事情；另一方面，我意识到自己对一些人的认知有很多欠缺。所以我告诫自己，即使是再小的角色，也要把对方当成一个真实而完整的人去考虑和对待，不能再因为角色小而忽略掉任何一个人。

绝大多数的问题，本质上都是人的问题。一旦人的问题解决了，很多事情处理起来也就简单了。

最后，我想请你思考一下，你在哪件事情上，因为忽略了某个小角色而吃了亏呢？

警惕捷径危机

面对某个问题时，很多人倾向于选择更简单、更容易的解决方式。比如，销售人员为了提高业绩，会使用不正当手段获取客户。短期来看，确实把业绩提高了。但从长远来讲，带来的影响却不好。

如果老板刁难你，你就辞职，看起来又简单又潇洒，但是如果你没有想好就冲动辞职，辞职带来的副作用会更可怕。重新找一份工作，你依然逃不开跟老板和同事相处，依然需要健康有效的沟通机制。这些问题是你无论换多少份工作都绕不开的，而换工作本身也会给你带来很多麻烦。

说到这儿，就不得不提"捷径"和"找方法"的区别了。它们看似差不多，都是寻找一条路径，去实现某个目标。但是两者之间存在很大差别。

捷径有运气的成分，受很多不可控因素的影响，没办法被迁移，不可以被复制。它指的是，"我不想付出该有的努力，或者付出该有的成本""我不愿意花时间，只想直接达成结果"。这样的话，越到后面副作用可能越大。

找方法则是正向的，可掌控的，在找方法解决问题的过程中，我们不可避免地要付出努力。"找方法"会帮助我们正向地提升效率，让我们拥有"偷时间"的快乐。

同时，这个过程可以被总结、被复制、被迁移，可以帮助我们快速形成自身的"护城河"，带来快速积累和增强回路的正向循环。

1. 不要"虚假繁荣"

我之前提到过的"保险一姐"的团队里有这样一位成员，这里称他为小V。小V第一年做保险，就想成为美国"百万圆桌会议会员"。一方面，他认为获得这项荣誉能彰显他在这个领域的实力；另一方面，拥有这项荣誉，他可以吸引更多客户。

他用尽各种手段，对身边的人软磨硬泡，拉朋友买保险。每天喝酒唱歌，让朋友给他面子。很多人不好意思回绝，就购买了他推荐的险种，但他只想让别人购买却不告知购买这个险种有什么好处。结果到了第二年要继续交钱的时候，很多人仔细看了保险的条款和收益，有些人直接违约，不再续保了。所以他的续保率低得可怜，只有20%左右。

一般来说，业绩相对较好的保险从业人员，续保率基本维持在90%左右。偶尔有几个客户因为各种原因不续约了，也很正常。而小V推荐的保险一般都要交5年、10年，甚至20年的保费。如果第一年交了，第二年不再续约，就意味着客户违约，第一年的钱也拿不回来了。其实，这也损害了客户的利益。

保险人员的提成主要看首年的销售量。小 V 作为保险人员，第一年可以有 70%~80% 的提成，这部分钱全进了他自己的口袋里，帮他拿到了他想要的荣誉。

但他的续保率只有 20% 左右，意味着该公司和团队会直接把他剔除。因为这严重违反了保险行业的底线——不能通过损害客户的利益来实现自我发展。

所以，有时候"捷径"不一定好，它帮助人拿到了本不应该拿到的东西，形成一种虚假繁荣，让人觉得自己很厉害。很多事情，短期看着还不错，长期看却可能让人吃大亏。

2. 捷径是有代价的

很多人在做电商时喜欢用"刷单"的手段，直接解决销量排名和流量获取的问题。评价上去了，消费权重也上去了，会带来源源不断的订单。但刷单也存在恶果，可能被封店。而一旦被封店，店铺没了，账户也被冻结了，会引来一堆麻烦。

我在创业的过程中，也遇到过类似的情况。之前我有一个合伙人，和我的观念不同。我习惯春种秋收，踏踏实实，一点一点地把产品和运营做好，当然这个过程会很慢。这个合伙人则天天说我："你太慢了，看我只用一招就能给你多少多少收益，可厉害了。"

他天天找捷径，可能会在运气好的时候，偶尔做出一点流量。但是，也可能一招不当，就把我们辛辛苦苦积累下来的东西全毁掉了。

我一直觉得，做事，应该按照该有的"春种秋收"的逻辑去做，从一定程度上来说，慢就是快。如果走捷径，效用不可持续不说，它带来的后果很有可能是毁灭性的，让你不得不从零开始。同样是折腾半年，我"春种"后已经有一部分可供"秋收"的成果；而你走捷径，则有可能因为"春种"不当，什么都没有得到。

一个人在一个领域深耕，成果是可以积累的，护城河也会慢慢筑起来。而走捷径，可能会摔得很惨。

3. 不要忽略自己的核心能力圈

我有一个朋友，他以前创业，主要做内容。后来，他看到了情感业务的风口，觉得机会来了，就把情感业务当作副业，每个月的利润率都很高。他觉得自己很厉害，有点骄傲了，甚至开始妄想，觉得做一家年营收 100 亿美元的公司也不难。

他开始偏离自己的核心能力圈，在公司的主业上错失了很多进一步深耕的机会。他的公司开始走下坡路。虽然通过情感业务赚了一点儿快钱，但事业只停留于表面，没有继续拓展和深挖，后来遇到危机，他的公司没能挺住。

当然，有时这种负面的结果不一定马上看得出来。因为一个人遇到问题，想得更多的是解法，是如何解决这个问题。很多情况下，以为是抓住了一根救命稻草，却没有去想这个解决方案会不会有副作用，而是先行动再说。结果发现，这么干不好，会产生很坏的影响。

所以，机会也不一定总是好的。你解决了问题，看上去有了新的机会，却可能实际上偏离了你的核心能力圈。很多时候，不恰当地提高自己，过分放大自己的能力边界，会误把风口当作能力圈。你要清楚地知道，哪些是匹配你的核心能力圈的机会，哪些不是你的机会。

如果现在的机会不是你核心能力圈的机会，而未来你希望它成为你的核心竞争力，那你就要全身心地投入。如果做不到全身心地投入，遇到挫折和打击时，你可能就会难以应对。同时，主业也没有更好地去精进。

所以，建议你不要追求捷径，而要慢慢地"春种秋收"。急于求成，必有灾殃。

定义问题，首要的任务是识别真正的问题，即核心问题。这要求我们进行深入反思和设定目标，以确保发现的问题不是表象问题，而是与长远目标相联系的根本问题。利用5Why法可以有效追溯问题产生的根本原因，这种方法通过层层深入的问答，揭示问题背后的深层因素。向上溯源的思考过程，则有助于我们从更高的视角审视问题，从而发现最初未能察觉的关键问题。

此外，通过多视角的探讨和角色解析，我们可以更全面地理解问题的复杂性及其对各方面的影响。询问周围的人，包括利益相关者和非相关者，他们的不同视角可能为我们提供新的洞察力，帮助我们更精准地定义问题。了解问题对不同角色的具体影响，可以帮助我们在解决问题时考虑得更周全，确保策略的有效性和可持续性。当然，我们不能忽略人为因素，也要避免捷径危机，避免因小失大。

找对方法，做难而正确的事，不要为了避免麻烦而造成更多的麻烦。

准确定义问题的关键，在于深入理解问题的本质，以及它如何与我们的目标和环境相互作用。这需要深思熟虑的策略、多角度的视野和对问题深层原因的严谨探索。准确地定义问题之后，我们才能更有针对性地拆解问题，才能确保采取的措施能真正解决问题，推动我们向既定目标前进。

最后，请你想一想，找到你通过自己总结出来的好方法，拿到好结果的一件事情；和靠运气和捷径解决问题，却给自己带来更多麻烦的一件事情。在这些经历中，你是如何定义问题的呢？

第四章

拆解问题

在准确地定义出问题之后，我们就可以正式进入拆解问题的环节了。

拆解问题是解决问题的核心

拆解问题的重要性

正确地拆解问题，才能更高效地制订行动计划，从而更彻底地解决问题。

但是，拆解问题真的很容易吗？很多人听我说完拆解问题的理念，都觉得它很好理解，但是一实操起来就总是遇到问题，这是为什么呢？

首先，是遇到问题就想当然地开始拆解，没有定义出真问题；其次，对问题的拆解太过表面，拆解的方式方法和维度都不对。比如，老板为什么刁难我？你理解成了"为什么老板喜欢刁难我，而不是刁难别人"。拆解了半天，等于没拆解。

拆解问题的原则与方法

有一个很重要的方法，能保证你在拆解时既不会重复，又能穷尽所有情况。那就是麦肯锡的"MECE 法则"（Mutually Exclusive, Collectively

Exhaustive），即"相互独立，完全穷尽"的原则。这是管理咨询和解决问题的非常重要的一个原则。这个原则最早由麦肯锡公司提出，广泛应用于各种商业分析和结构化思维中。它强调在进行问题分析和数据组织时，确保信息分类既彼此不重叠（相互独立），又能完整覆盖所有相关情况（完全穷尽）。

"相互独立"指的是在进行问题分解时，每个分类或部分都是互不重叠的。这样可以避免数据或信息的冗余，每个类别都非常清晰，有助于我们更加精确地分析问题。

"完全穷尽"则意味着在分解问题或分类信息时，必须确保涵盖所有可能的方面和场景，没有遗漏。这样可以确保分析的全面性，提高解决方案的有效性。

在实际工作中，MECE法则通常用于制作演示文稿、报告、决策，特别是商业分析和策略制定中。使用MECE法则可以帮助咨询师和分析师保持思路的清晰和系统性，从而使解决复杂问题的方案更加条理清晰、逻辑严谨。

例如，如果一个公司需要分析市场细分，应用MECE法则可以确保各个市场完全独立而不重叠，并且全面覆盖所有潜在的市场。这种方法不仅有助于明确目标市场的界定，还有助于制定有针对性的市场策略。

遵循MECE原则拆解问题，可以确保问题的每个方面都被系统地识别和处理，从而提高解决问题的效率和效果。这种结构化的方法有助于确保问题得到全面理解和及时解决，同时不会遗漏或忽视关键的细节。

为了更好地帮助大家理解如何拆解问题，我举一些生活中的真实案例。

1. 找到产品的目标群体

找到产品的目标群体，就是要考虑产品卖给谁。如果目标群体是男性和女性，也就是覆盖了所有人群。那接下来该怎么拆解呢？这个时候，相互独立的原则比较重要，如果把这个群体拆成男性、女性和儿童，就不对了，因为儿童有男也有女。这样拆就不符合 MECE 法则。你可以把他们拆分为老年人、中年人、青年人和儿童。

我们在拆解的时候，一定要完全穷尽。不然可能会漏掉某个类别，导致出现很大的问题。

处理商业问题或创业时，要仔细思考每一个问题。之前我在参加辩论赛时遇到一个论题，"没有爱了，要不要离婚"。我们在讨论每一个角色的利益相关方时，都要做到穷尽列举。

没有爱了，要不要离婚，离婚会对谁有影响？第一，对男方是不是有影响；第二，对女方是不是有影响；第三，对孩子是不是有影响；第四，对双方父母和其他亲友是不是有影响；第五，对夫妻双方的工作单位、合作伙伴，是不是有影响；第六，有没有可能对陌生人产生影响。

这样，我们不仅没有重复，同时又做到了穷尽列举。这样考虑问题就非常全面了。在拆解问题时，我们就能从多个方面进行思考，而不是只考虑自己一个人："我没有爱了，当然要离婚，不然，我为什么要和一个不爱我的人在一起？"那你考虑过孩子、父母，以及其他因素吗？这样思考问题，你的维度和格局一下子就打开了。

穷尽列举的好处是，不太容易漏掉机会。比如，我们对魔术课程进行拆解，首先拆解的是，哪些人对这个魔术课程感兴趣，哪些人不感兴趣。其次是，在感兴趣的人群中，哪些人会为它付费，哪些人不会付费；最后是，在不感兴趣的人群中，又有哪些人有付费潜力，哪些人完全不可能付费。我们穷尽列举了所有的客户画像，从性别、年龄，各方面划分人群，慢慢定位出目标群体。

先是性别问题，到底是男性更愿意购买魔术课程，还是女性更愿意购买魔术课程？首先，男性有可能，女性也有可能，这个拆解的方式肯定不对。其次，如果真的是男性更愿意购买，哪些男性会购买，什么年龄段的男性会购买，他们有什么用户标签，等等。这样列举才能不遗漏，帮我们找到对应的机会。否则，明明可以影响的一些人群就有可能错过。如果忽略了某些问题的存在，等到它发生的时候再解决，问题就会很棘手。

因此，在拆解问题时，我们要先检查有没有遗漏任何相关方，这样能更好地保证拆解的有效性。如果拆解过程中有所遗漏，反而不利于问题的解决。

特别是在"赚钱"这件事情上，在经营公司的时候，要认真地解决这个问题，拆解得细是为了发现一些看上去没那么重要的因素，也许它会在未来给你招来致命打击。所以细化拆解之前，要拆解全面。可以先拆解问题的第一层，拆解全了，宽度够了，覆盖了所有相关方，再进行深度拆解。

2. 排查出可能的隐患

我们拆解一个问题，尤其是在想赚钱或遇到困局时，在第一时间感觉到的问题往往不是真问题，而最重要的问题却被忽略了。做决策的时候，我们会困惑，觉得某件事好像这样做也对，又总觉得不踏实，这通常是因为对这件事情拆得不够细、看得不够全。

不踏实，是因为还有不确定性。等你拆解完了所有可能，足够具体了，就不会不踏实了。感觉踏实是判断我们是否拆得足够细或足够具体的依据。如果你一直感觉不踏实，说明你获取的信息和认知还是不够，还是没有拆解到位。

进行自我检测时，怎么判断自己够不够踏实？可以罗列一个风险清单，检查之后，如果还觉得可能会出问题，那就可能没罗列全，那就继续拆解，我就是这么做的。我不建议在心里没有底，排查不出原因时就展开行动。在这种情况下做决定，肯定会出问题。就像墨菲定律说的，你不想发生的事情，往往都会发生。

有些问题，就算你没有拆解出来，直觉也会告诉你可能还有遗漏，这是你的学识、经验累积出来的判断力，你的判断力会指向有问题的细节。你有这种担忧，说明你的直觉敏感度很高。

做决策时，如果隐隐觉得什么地方有问题，大概率会在那里发生问题。拆解问题时穷尽所有可能，目的就是确保没有问题，不要怕什么来什么，要打破墨菲定律的"魔咒"。

此外，不妨思考一下，你对哪件事情没有想清楚就干了，最后给你带来了哪些不可挽回的损失？

拆解问题的重要性在于，它可以帮助我们更高效地制订行动计划，从而更彻底地解决面对的问题。然而，正确地拆解问题并非易事。许多人虽然理解了拆解问题的理念，但在实际操作时却遇到了困难。这主要是因为他们在拆解前未能准确定义真正的问题，或者拆解得过于表面，没有采用正确的方法和维度。

为了避免这种情况，可以采用麦肯锡的"MECE法则"，确保拆解的质量。应用MECE法则，不仅有助于我们思考的清晰性和系统性，还能让解决方案更加条理清晰，逻辑更为严谨，从而提升解决问题的效率，并达成更好的效果。

方式一：从原因的角度拆解问题

从原因的角度拆解问题，是完整拆解问题的必不可少的前提。如果不先拆解问题的原因，就容易陷入无效解决的循环中，花了很多时间和精力，事情却没有好转。

先拆解原因，可以帮我们更好地定位问题，看看这是一个真问题，还是假问题；也可以帮我们快速找到解决问题的角度。遇到问题，先拆解原因。原因没有拆解清楚，后面的所有解决方案都是无效的。

从原因的角度拆解问题，主要有三种方法：区分内因和外因；分析实力和运气；考虑前提、背景和环境因素。

第一种方法，区分内因和外因。

这是一种穷尽列举的方式，即问题要么由内因引起，要么由外因导致。内因通常是指那些与系统、个人或项目本身紧密相关的因素，如组织结构、技术能力、决策流程等。外因则涉及外部环境，比如市场变化、社会经济条件的具体情况、政策影响等。例如，"产品销量下降"的问题，内因可能是产品自身的问题，如设计缺陷或质量下降；外因可能是竞争对手推出了更具吸引力的产品或市场总体需求减少。在分析内因和外因时，容易走进两种误区。

第一种误区，很多人不愿面对自己的问题，总是倾向于从外部找原因。 在遇到问题时，他们更喜欢归咎于外因。比如，他们可能会说："因为特殊情况，所以我们没有赚钱。"如果你也曾有过这样的想法，请你现在认真地问自己："特殊情况已经过去了，我现在赚到钱了吗？"

如果你喜欢把外因当成借口，让自己逃避真正的内因，表明你不愿意面对现实。而如果不面对现实，就无法找到真问题，更无法解决它。

第二种误区，只在自己身上找原因。如果你在遇到问题时第一时间责怪自己，认为自己不配，而不去分析具体的原因，也是非常不可取的。这样很容易让你陷入情绪内耗，很难理智地面对和解决问题。

第二种方法，分析实力和运气。

这种拆解方法，考虑的是影响问题结果的两个主要因素：实力和运气。实力，是指可以通过努力和资源积累获得的能力，如技术实力、团队协作能力或市场占有率；运气，则可能涉及那些偶然的、不可预测的事件，例如突发的市场机遇或不可控的自然灾害。在评估一个项目失败的原因时，弄清楚是团队能力不足还是遇到了不可抗力，可以帮助你更合理地调整策略和期望。

第三种方法，考虑前提、背景和环境因素。

有时候换个前提、换个背景、换个环境，问题可能就不存在了。

2018 年开始，抖音在国内越来越受欢迎，很多人开始依靠抖音赚钱。但是现在，优秀创作者越来越多，网红带货越来越多，流量费越来越贵，门槛也越来越高……这个平台发展得越快，进入的难度就越大。

我们再来看 TikTok（抖音海外版），这个平台比国内的抖音起步要晚，市场教育有明显差异。如果这时你带着在国内做抖音的经验去做海外

TikTok，在海外市场还没有头部 IP 的情况下，把账号做起来就容易得多。

图 4-1 就是关于从原因的角度拆解问题的示意图。

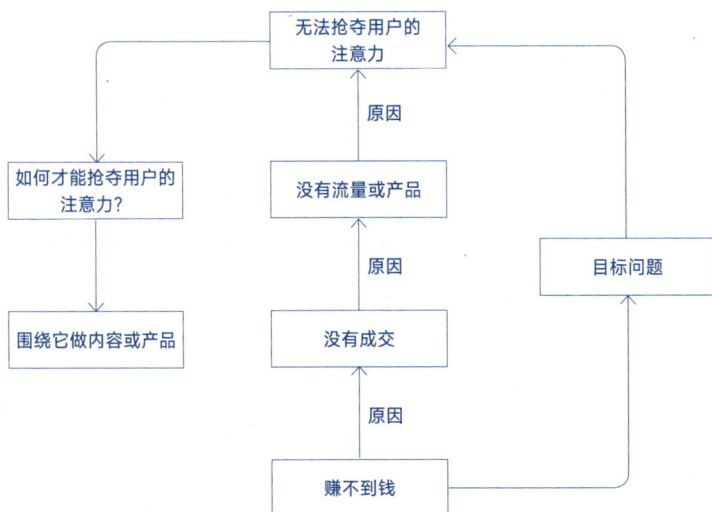

```
                    ┌──────────────────┐
              ┌────▶│  无法抢夺用户的    │◀────┐
              │     │     注意力        │     │
              │     └──────────────────┘     │
              │            ▲                  │
              │          原因                 │
              │            │                  │
┌──────────────────┐  ┌──────────────────┐  ┌──────────────┐
│ 如何才能抢夺用户的 │  │  没有流量或产品    │  │   目标问题    │
│     注意力？      │  └──────────────────┘  └──────────────┘
└──────────────────┘        ▲                      ▲
          │               原因                     │
          ▼                 │                      │
┌──────────────────┐  ┌──────────────────┐        │
│ 围绕它做内容或产品 │  │    没有成交       │        │
└──────────────────┘  └──────────────────┘        │
                            ▲                      │
                          原因                     │
                            │                      │
                     ┌──────────────────┐          │
                     │    赚不到钱        │──────────┘
                     └──────────────────┘
```

图 4-1　从原因的角度拆解问题

为了帮助大家更好地理解如何从原因的角度拆解问题，我想用 TikTok 的
案例，来做分析。

很多人觉得，不管是在国内还是在国外，做出一个播放量几百万次的短视
频很难。但在我看来，这件事并不难，只需把几个爆款要素组合在一起，
就能够做出爆款，我把它叫作**"爆款组合拳"**。

第一，第一秒就要有吸引人的画面。 短视频的第一个画面特别重要，要么这个画面能戳到别人的痛点，要么能启发别人，让别人能够从中获得价值。

第二，爆款的音乐和音效。因为我们不停地浏览短视频，这些短视频的内容千差万别，可能你上一秒哭得稀里哗啦，下一秒就笑得前仰后合。如果没有背景音乐，这些短视频就会让你的情绪切换非常不顺畅。

但有了背景音乐，你上一秒还沉浸在"注意看，这个男人叫小帅"的悬疑感中；下一秒就开始大笑；再下一秒，某个学者讲课，又让你听得津津有味。音乐和音效会让你切换不同的内容时更顺滑，背景音乐是最先抓住你注意力的东西。

如果想通过背景声提升流量，可以主攻一个很重要的点——解压。比如，打开盲盒，配上拉拉链的声音；卖美甲产品，配上美甲钻的声音。加上这些背景声后，人们听起来特别解压，视频的流量会大大增加。

第三，爆款文案。可以不断撰写与本领域、本产品和本行业相关的文案，也可以结合比较有话题感的文案，或参考其他爆火的文案修改自己的文案。举个例子，我们曾做过卖莫桑钻戒的短视频。我们为这个产品写了鸡汤型、情感型等各种类型的短视频文案，都没什么效果。

一次，我们翻拍了一个八卦类的短视频，内容如下：有一个女孩，到床边去拍摄，她在男朋友的床下发现了一枚戒指，但这不是她的，戴在她手上的那枚才是她的。接着她就把自己的戒指展示出来，并向网友寻求帮助，问她该怎么办？

这个文案非常简单，剪辑后的视频才十几秒，但评论区的留言量非常大，大家纷纷出谋划策，视频也火了起来。我们想展示两款不同的戒指，评论区里却有一堆人告诉我们该怎么办。我们并不想知道该怎么办，只想有很多人留言，让产品火起来，这就是爆款文案的效果。

不管是国内还是海外，不同产品的流量都截然不同。我们一般的操作方式是，不断测试哪个产品会"爆"。我们拿出流量比较好的产品，结合爆款画面、爆款背景音乐、爆款文案做短视频。如果这几个方面都做到位了，视频的流量就大概率会暴涨。

第四，用控制变量法去测试。有时候，我们把背景音乐和音效换掉，发现视频的流量一下子就掉下来了；或者把文案换掉，流量也会掉下来。产品真的好，便会自带流量，但如果视频的前两秒吸引不了人，流量也会一下子掉下来。

如果你优化了背景音乐，没有看到流量有明显的提升，那是因为其他几个要素没有优化。你要把这几个维度同时做好，只要有一个没做好，流量就可能会掉下来。这就是"多因　果"的情形。如果没有从原因的角度去拆解，你会困在问题里面，觉得问题很复杂，无从下手。

通过这三种方法拆解问题，不仅可以帮助我们更深入地理解问题的各个层面，还能为我们找到最合适的解决方案提供有力的支持。这种综合的拆解策略使得我们能够更全面地评估和应对问题，从而提高解决问题的成功率。

那么，是不是拆解好原因，问题就解决了呢？实际上，我们还要继续拆解问题的后果和影响。

如果不分析后果和影响，会让人误以为第一时间得到的答案就能解决问题，其实后面的事还多着呢。比如，你的行动可能会造成怎样的结果；事情的发展是不是符合你的预期？你要怎样调整、怎样复盘，才能让事情变得更好？

方式二：从归属的角度拆解问题

找不对问题的归属，很有可能会推动我们走向错误的道路，认为错误都是别人导致的，但其实自己也难辞其咎。

拆解问题时，从问题归属的角度出发是一种有效的策略，有助于我们清楚地理解问题的核心责任和影响范围。

关于归属角度的拆解，大家需要注意以下几点。

第一点，判断问题属于谁。

要明确判断问题归属于谁。其中关键在于识别问题的主要责任者。例如，如果一个员工在工作时间内偷懒，作为管理者的你可能会生气，甚至考虑解雇他。但这个问题并不属于员工，而是属于你。因为员工没有觉得自己在偷懒；你作为管理者，认为这是一个问题，所以你才是这个问题的主要责任者。接下来，你对他进行扣工资或其他处罚，都是在处理你要负责的这一问题。

第二点，相关利益方。

考虑相关利益方是另一个重要环节。你的决策会影响哪些人？他们会对此有何反应？例如，公司搬迁不仅会影响到客户，还关系到员工及其家庭的接受度。

如果你想把公司从杭州搬到深圳，你需要考虑的不仅是杭州的客户多还是深圳的客户多，你还需要尽可能地列举与这个决策相关的其他利益方。比如，这次搬家，会有哪些合伙人和员工跟你一起搬？他们是否愿意？他们的家人是否愿意？

相关利益方有的是直接相关的，有的是间接相关的。但如果不把它们都列举出来，就很有可能会忽略对这件事情有影响的人，从而遇到莫名其妙的阻力。而如果提前都考虑到，并且处理好，你做这件事的阻力就会小很多。

第三点，责权利不对等。

探讨责权利是否对等也极其关键。这里涉及决策者的责任与其承担的后果是否匹配，例如操盘手和股东、投资者和管理者的责权利划分。

下面，我们来看一些具体的案例分析。

< 案例 1：公司搬迁决策 >

背景：一家科技公司计划从杭州搬迁到深圳。

做这个决策看似简单，实则涉及多方利益和复杂的考量。

首先，要判断问题的归属。我们需要确定搬迁决策的问题归属。虽然从表面上来看，似乎是高层管理在做决策，实际上它关系到整个公司的运营效率和员工的日常生活。例如，如果员工在工作时间内效率低下，表面上看是他个人的问题，但进一步分析可能会发现，这是由于当前办公地点的基础设施不足或交通不便，导致员工通勤时间过长，影响了其工作状态。因此，问题可能并不单纯归属于员工个人，还与更深层次的组织结构和工作环境等有关。

其次，要考虑相关利益方。搬迁决策不仅影响公司的内部员工，还可能影响到公司的客户、供应商及员工家庭。从杭州到深圳，员工是否愿意搬迁，他们的家庭是否支持以及客户关系能否保持稳定，都是需要考虑的重要因素。例如，一些骨干员工可能因家庭情况不愿意搬迁，这会直接影响公司的人才保留和项目延续。同时，搬迁可能导致与地方客户和供应商的关系重新配置，影响公司业务的连续性和稳定性。

最后，要考察责任和权利是否对等。决策者（如 CEO 和董事会）虽有权做出搬迁决策，但他们不必直接承担搬迁可能带来的负面后果，比如员工流失和客户不满。这种责权不对等可能导致决策偏差，决策者可能倾向于从公司长远发展的角度出发，忽视短期内给员工和业务带来的冲击。因此，在做出最终决策前，应通过透明的沟通和反馈机制，确保所有相关利益方的声音被听到并且被考虑。

通过这一案例，我们可以看到，从问题归属、相关利益方和责权利不对等三个角度出发进行决策分析的重要性。这不仅有助于我们做出更全面和公正的决策，还可以预防可能的管理风险，增强公司的内外部和谐和稳定性。

＜案例 2：某企业的海外项目＞

背景：某企业实施的海外扩展项目，虽然最终盈利了，但过程困难重重。项目的主要操盘手是企业的高级管理人员，而非企业的所有者或股东。

首先，要判断问题的归属。问题归属的分析显示，尽管操盘手是项目的直接管理者，但他们并不拥有项目的所有权。这种归属权的模糊导致了责任和动机上的不对等。操盘手虽负责日常运营，但由于对项目的成败不直接负经济责任，可能无法全力以赴地推动项目成功。

其次，要考虑相关利益方。涉及的利益方不仅包括企业自身及其高管，还涉及项目的最终受益者。此外，出海项目通常直接影响目标市场的业务伙伴和消费者。如果操盘手在做出重大决策，如投资和资源配置时，没有充分考虑这些利益方的利益和反馈，可能导致项目执行不力和资源浪费。

最后，要考察责任和权利是否对等。在这个项目中，操盘手虽然有权做出决策，但由于他们并不直接承担经济后果，其决策可能缺乏必要的慎重和效率。与那些同时是股东或所有者的操盘手相比，这种情况下的操盘手的灵活性和决策质量可能大打折扣。

此案例表明，责权利不对等可能导致企业在项目管理中发生诸多问题。在这种环境下，确保决策者与项目的经济利益直接相关是提高项目成功率的关键。因此，在设计项目和选择操盘手时，应考虑引入机制，如采用利益相关的激励措施，确保操盘手的目标与项目和企业的长远利益一致。

从归属的角度拆解问题，我们可以更清楚地界定问题的责任范围，有效识别所有相关利益方，并确保责任与权力的对等。这种方法不仅有助于解决问题，还能预防潜在的问题。在实际应用中，无论是管理决策还是个人投资，明确权责和归属关系都是保证决策效果的关键。我们应常常反思，是否错误地将那些本应自己解决的问题归咎于他人，或是错误地承担了不属于自己的责任。这种自我反省可以大大提高解决问题的效率和效果。

方式三：从微观和宏观两个角度拆解问题

在面对问题时，合理运用微观和宏观视角可以极大地改善我们的处理策略。微观视角强调深入细节，降维看问题，关注每一个细节和具体的操作，逐一分析、解决问题。这种方法适用于需要精细管理和具体执行的事务，它帮助我们理解问题的每个组成部分，确保没有遗漏。而宏观视角则将问题放在更广阔的背景中思考，有助于我们理解问题在更大范围内的影响和相对重要性。

通过升维，我们可以站在更高的层次理解问题，可能会发现实际上问题没有那么严重，或者在更大的空间中找到更简单的解决办法。

升维，也可以体现为向上兼容。比如，你去一家公司面试，到最后一轮时，老板问你："你有什么问题想问我吗？"

很多人会问：我的社保按什么级别交？加班有没有加班费？有没有什么员工福利，等等。如果你是老板，听到这样的问题会作何感想？你一定会想："这些问题为什么来问我？去问人力资源不就好了吗？"并且瞬间对这名应聘者失去了兴趣。

这个应聘者没有用升维的方式解决问题，一直在用自己的视角看问题，只关注自己的事情，就算专业技术再强，也不会真正被老板重视，难以获得被培养成更重要的管理人员的机会。

任何人都希望对方与自己同频，尤其是企业家。如果面试的人能够从公司的发展、业务的拓展等角度提出问题，便体现出公司的发展和他个人的职业规划有交集，他就很容易得到企业家的认可。

降维，有时候则体现为站在比我们层次更低的人的角度去思考问题。比如在为个人账号做流量时，我们是否知道粉丝在想什么？有些博主的观点很普通，甚至有些低俗，却收获了很多粉丝，而有些博主讲得很高深，流量却少得可怜。

如果你想获得流量和成交量，就需要掌握自如切换视角的技能。即使你能讲复杂的理论，但面对用户，你要切换成他们能够听懂和接受的语言，并且能够调动他们的情绪，让他们愿意买单。

再来说微观和宏观的运用。遇到问题，我会先把细节检查一遍，看能不能找到解决问题的切入点。用微观和降维的方式，寻找出小的突破口，以此作为小切入口，着手解决问题。如果还不行，就再去升维，从更宏观的角度思考这个问题，让更多的人参与进来，让事情变得更简单。

如果一个人的自我过大，就从宏观去拆解问题；如果自我渺小，就从微观去拆解，把个人放大。如果视角太大，可能忽略掉细节。

为了方便理解，我举几个实操案例。

< 案例 3：花高价加入社群 >

我加入的第一个付费社群，就是肖厂长的"恒星研习社"，很多人觉得我不可理喻："你居然花 3 万元加入一个微信群！"

从微观来看，肖厂长的产品设计有一个很厉害的地方：在恒星 1.0 版本里，有一小时 1 对 1 的商业咨询。其实，我很早就想购买肖厂长的商业咨询服务了，他明码标价是每小时 2 万元。他还有一个产品是 9800 元的线下大课。两个产品的价格加起来刚好是加入研习社一年的费用。我本来就有购买这两个产品的需求，加入付费社群，成为其 VIP 会员，可以多出一整年参加社群活动的机会，能够认识肖厂长身边的人，我认为非常值。

后来，我研究发现，做这种高客单社群类的产品，有一些人的逻辑是罗列 10 项、20 项产品，证明它们一共值 10 万~20 万元，但自己只卖 1 万元，而这样几乎没有人购买。相反，如果你的产品中有一项单项值回票价的权益，就能让用户爽快买单。

从 5 年的维度来看，我想在所在的领域里脱颖而出，就一定要做 IP。而当时肖厂长是我认识的人当中做得最好的。这 3 万元对我来说也不算一笔很大的支出，这又是一个微观的视角。但我站在 5 年、10 年这样宏观的角度分析，马上就不为是否买课纠结，果断购买。

从更宏观的维度看，这不只涉及我要解决的眼下的痛点问题，而是出于我要打造 IP，因而决定进入这个社群。

我买的不仅是当下看得见、摸得着的东西，更是一个充满机会和可能性的未来。首先，我进了肖厂长的社群，与肖厂长的连接变深了，我们线下见过几次面。如果我不是他的 VIP 会员，他一定没有时间见我，即使能见到，也没有这么快。而且，我也因此认识了很多厉害的人，拓展了我的人际关系网络。

同时，我还在自己的领域里不断深耕，夯实自己的基础，比如写书。肖厂长看到我在出海领域有真本事后，主动找到我，希望跟我成为合作伙伴。因此，我成为恒星 IP 联盟的一员，并且在这个平台上和很多厉害的人建立了良好的合作伙伴关系。

如今，我得到了许多势能强大的人的支持。虽然自己的努力至关重要，比如出书、不断做内容，以及不断地在圈内表达自己的观点，但更重要的是，我在当初做这个决策时，是以几年、10 年，甚至更长期的维度来思考的。

< 案例 4：对标高水准去学习 >

我们从小接受的学习方式，都是从低到高的，是一级一级地学习的。这种方式并不适于所有的学习，因为这样会很费时间，而且会产生很多损耗。

这里我分享一种我自己的学习方式：直接对标高水准去学。试试用这种方法，也许你会得到意想不到的结果，这就是升维。学托福的时候，我直接把托福的真题按照高分的标准来练，直接对标最高水平。最开始有些痛苦，但练着练着就习惯了。

背单词也一样，最开始背 1 个、2 个、3 个、4 个、5 个、10 个。后来按照最高强度的方式来，一天背 100 个，甚至 200 个，然后去执行，这就是一种升维。

短视频同样适用这种方法，做短视频，不能只是把它拍出来、剪辑出来，再慢慢发布。要对标就对标那些顶尖作品。要做爆款短视频，就要找点赞几千万甚至上亿的作品来看，然后把它们的爆点要素分析、提炼出来。千万不要模仿着去拍差不多的。

你可以直接把大师当作学习对象，这样就很有可能也做出点赞几十万、几百万的爆款视频了。

取乎其上，得乎其中，一开始就对标高水准，即使达不到，也比对标低水准做得好。

< 案例 5：用微观的视角花钱 >

不管在什么领域，都一定要注重微观层面，细节往往决定成败。微观在大部分生意上的体现，就是算账。有些人连账都没算明白，就开始做事，这是不行的。

那怎么算账呢？之前，四川有一家做调味品数一数二的公司，他们的老板娘找到我和另一个朋友，希望我们帮她对标"拉面说"，做类似的方便食品的营销。

当时，他们希望采用头部主播带货的方式进行推广。那时淘宝直播非常火，他们说自己的产品可以在直播活动中售卖，还可以搞展会，这样看起来很热闹。

我静静地思考了一个问题：找头部主播要花多少钱？我们能赚回来吗？

我算了一笔账，光是"坑位费"就要花掉好几万元，甚至几十万元。此外，我们还需要一些硬性条件，比如必须成为天猫旗舰店、必须签协议、低价营销、设置赠品，等等。

仔细一算，我发现这个选择大概率会让我们亏损。如果按照最低价销售，本来就没多少利润，再加上广告费、主播的提成，万一有人退货，利润又要一降再降了。

他们还在开心地畅想直播间的火热场景，我却在一旁拿着笔计算。我发现，每卖一件产品，就会亏8元。于是我对他们提出这样的问题：如果卖一件产品亏8元钱，你们是否还选择找这个主播带货？你们愿意拿出多少件产品？以这个价格卖出后，消费者不接受恢复原价的产品怎么办？

当我提出这些问题后，他们从美好的幻想中冷静下来，并重新制定了营销策略。

在创业的过程中，你想知道自己的项目到底赚不赚钱，我问你几个数字，你看看能不能说出来：产品的毛利率是多少？预计三个月能赚多少？六个月能赚多少？预计几个月能把投入的成本拿回来？每天卖多少刚好回本……这些问题非常具体，但很多人没有计算这些微观的数字，就直接行动了。

当你在宏观上觉得一切都好时，一定要从微观的角度去确认。

＜案例 6：用宏观的视角花钱＞

分析一件事，需要从微观去论证。但你站在宏观角度，则很容易说服别人。因为每个人都在意宏观上的发展，都希望自己在未来能过得好。你把握住这一要点，让他觉得，我当下花了钱，花了时间，日子过得很辛苦，但只要选了一条正确的路，将来一定会更好。

人很容易陷入短期陷阱，但如果我们拉长时间，升高维度，站在宏观角度，往往能更有效地说服别人。

我希望你可以灵活地在宏观和微观之间转换视角，不要陷入当下或过于微观和宏观的死局里。这样，你可以把问题看得更全面，找到更多解决问题的角度和方法。

不妨思考一下，你能不能从宏观和微观的角度出发，去增强你的说服力？能不能在说服别人的时候，同时从这两个维度进行思考呢？

通过宏观和微观视角来拆解和处理问题，可以让我们更全面地理解情况，更有效地制定解决方案。微观视角让我们能关注到每个细节，确保执行过程中的每一个步骤都经过仔细思考；宏观视角则帮助我们看到问题的全貌，避免因优化局部而忽略整体效益。灵活运用这两种视角，可以在解决复杂问题时保持平衡，同时提高决策的质量和效率。我们在日常生活或工作决策中，应根据具体情况切换这两种视角，以收获最佳的效果。

方式四：从结果、角色、成本、收益的角度拆解问题

继续拆解问题，就要拆解结果和角色：事情办成或办不成，对谁有什么样的影响。产品做好了、做成了，对哪些人有好的影响，对哪些人有坏的影响。

在解决问题时，透彻地分析结果、考虑对不同角色的影响、评估成本和收益是至关重要的。首先，识别问题的潜在影响是核心，包括正面和负面的影响。其次，要识别涉及的所有角色，并理解问题解决或不解决对这些角色有什么影响。最后，全面评估实施解决方案的成本与获得的收益，确保解决方案的经济性和效率。

下面，我通过几个案例进行分析。

< 案例 7：没有爱了，要不要离婚 >

我们还是回到"没有爱了，要不要离婚"的问题。这是一个经典的辩题。很多人觉得，父母离婚，承受不好结果的人是孩子。所以，很多人宁愿牺牲自己，也要给孩子一个完整的家，选择不离婚。

但也有人觉得，选择离婚也是为了孩子。家里已经没有爱了，给孩子一个没有爱的家，对他的成长会有不好的影响。不如为孩子重新建立一个有爱的家，让孩子真正看到和感受到爱。

因为存在做决策的人，就会涉及问题的归属，即它是谁的问题，他的解决方案会影响到多少人？只要把每一个利益相关方能够得到的结果分析一遍，就有答案了。

比如，有人觉得"没有爱了，选择离婚"很痛快，因为离开了一个不爱的人。也有人觉得，提出离婚对另一方不公平。

不过，婚姻毕竟是两个人的事，要注意对方的感受，也许对方不愿意将就，不愿意继续为了责任而维持婚姻关系。如果没有爱情了，不如早一点儿分开。

很多人在思考"离婚"时，会不自觉地把自己的意愿强加到别人身上。觉得即便没有爱了也不离婚，是对他人负责的表现，很高尚；但也有一种观点认为这才是真的不负责，因为没有考虑别人的真正感受。

所以，在做决策或遇到问题时，需要认真面对和了解每一个后果对应的不同角色的人，了解对方的真实意愿是什么，避免自我感动和自我牺牲。

从结果、角色、成本、收益的角度看，你分析到的每个角色，都可以用与他们对应的结果来计算成本、收益的最终值。这些加在一起，才能明确事情是否得到了理性决策。而不是站在所有人的角色上，看到所有人的后果；也不是从定值的角度，给他们定成本和收益，否则你会陷入偏差。

我的外婆曾经剧烈头痛，但她怕给我们添麻烦，一直忍着。到了半夜，她实在受不了了，才叫醒我们说她有点儿不舒服，可能发烧了。我既心疼她，又很生气，怪她不早点儿说，吃了这么多苦头。

她的心是好的，这件事指向她最开始的决策，她以为自己在为这个家庭做贡献，在自我牺牲。但结果是，如果她的身体越来越差，一定会给家庭造成更大的伤害。此外，她忍到晚上才说，晚上的值班医生可能没有白天坐诊的医生专业对症，而且我还要半夜为她挂急诊。她的做法反而给家人增加了负担。

我们在分析每件事情的决策或解决方案时，不要想当然地觉得怎样做对别人好。要认真地了解，该决策或解决方案给他人带来的结果是什么，自己有没有权利做决定。

成本和收益对每个人的效用不一样。对你来讲有收益的事情，可能会给别人造成损失。收益包含直接收益和间接收益（无形收益），另外，每个人如果从情感因素的角度判断做这件事的意愿，结果也不一样。你愿意的，别人未必愿意。

要客观地看待成本、收益，如果一味站在你的角度以己度人，自以为是的评估涉及他人的成本和收益，会让所有人吃亏。

应该把问题拆解到每个对应的角色，要客观评估这个角色认为的收入和产出才是真正尊重他人。不能以偏概全，也不能把自己的价值观强加于人。

< 案例 8: 父母离婚，不告诉孩子 >

我有个朋友，他父母在他十二三岁时就离婚了，但是瞒着不告诉他，假装家庭关系很和谐。他说，虽然爸爸妈妈每天表现得都很正常，但他感觉不到爱，自己并不是生活在一个有爱的家里。后来，他结婚了，他对妻子也是如此，因为他从小的家庭环境就是这样，他想当然地认为每个家庭的氛围都是这样的。后来他的妻子实在受不了，跟他离婚了，当时他们还有个很小的孩子。有一次他对我说，他觉得自己很对不起孩子。他没能从原生家庭里学会如何去爱，才导致目前的状况。

他认为父母是为了他才做出这样的牺牲。如果他能重新选择，他希望父母要离婚就离婚，与其维持一个空壳婚姻，不如各自寻找爱情。

他的母亲跟他说过，离婚之后，她遇到过很爱的人，但为了他，为了他能有一个完整的家，所以继续假装和他爸爸没有离婚。每每想起这件事，他心里就很难受，觉得是自己耽误了妈妈一辈子的幸福。如果当初有人问他的意愿，他希望妈妈不要因为他而错过心爱的人。

站在孩子的角度来说，父母不离婚未必更好。我觉得，只有真正尊重孩子真实的意愿，父母才能做出最好的选择。

不要忽略每个角色对结果的感知，这个感知往往因人而异。也不要忽略每个角色对成本和收益的感知，对你来讲是成本，对别人可能是收益。

最后，你不妨用表 4-1 做一下自我检测。面对一件事情，对应的决策方分别有哪些，对应的决策是什么，以及其好的结果和坏的结果分别是什么。

表 4-1　决策因素分析表

角色		角色 1	角色 2	角色 3
影响因素	成本			
	收益			
决定因素	结果			

从结果、角色、成本、收益的角度拆解问题，可以帮助我们更全面地理解问题的复杂性，并做出更合理的决策。这种方法强调了问题的多维性和决策的深远影响，促使我们在做决策时更加周全和审慎。通过对实际案例的分析，我们可以看到这种拆解方法如何应用于具体情境，帮助我们避免片面或冲动的决策，找到更优的解决方案。

多维度拆解图与案例分析

在这一节中，我将用一个完整的案例来展现如何从多个角度拆解问题。

我合伙的一家科技创业公司正在开发一款基于人工智能的健康管理应用软件，想通过用户的日常行为数据为用户提供个性化的健康建议和干预。公司计划在中国市场推广该产品，并希望进一步拓展到国际市场。为了达到这个目标，我们有针对性地拆解了公司可能面对的问题。

从原因的角度拆解

1. 区分内因和外因

（1）内因：自身产品问题

第一，用户体验不佳。应用软件的用户界面复杂难用，新用户难以快速上手，影响了用户的初次体验和客户的留存率。

第二，数据准确性问题。健康建议依赖于数据分析，若数据处理算法不够精准，可能误导用户，从而损害公司的信誉。

(2) 外因：外部竞争问题

第一，市场竞争激烈。许多成熟的科技公司和健康领域的初创公司已有类似产品，它们具有较高的市场占有率和品牌忠诚度。

第二，新进入者的价格战。新的竞争者为了迅速占领市场份额，可能采用低价策略，这对于资金相对有限的初创公司来说，是一个巨大挑战。

2. 分析实力和运气

(1) 实力

团队技术实力：团队是否具有足够的技术专长来开发和维护高复杂度的人工智能系统。

技术壁垒：产品是否具有独到的技术创新，足以形成竞争对手难以迅速模仿的技术壁垒。

(2) 运气

市场机遇：在推出产品时是否恰逢其时，比如在全民健康意识提升的背景下推出健康管理应用软件。

大环境问题：如全球或地区性经济波动，可能影响消费者的购买力。

自然灾害：如疫情或其他自然灾害，可能影响公司的运营和市场的需求。

3. 考虑前提、背景和环境因素

(1) 前提

市场选择：初期是专注于中国市场，还是同时考虑拓展国际市场，这将影响产品设计、市场策略和资源分配。

(2) 背景

政策支持：政策是否有利于创新和创业，如政府是否提供创新补贴、税收优惠等支持措施。

身份限制：是否存在对创业者的身份限制，如外国人在中国的创业政策，或中国人在国外的创业政策。

(3) 环境

法律环境：包括知识产权的保护等法律环境。

营商环境：比较中国市场和目标国际市场的营商环境，如市场开放度、消费者行为和技术接受度等。

通过从原因的角度进行拆解，可以更全面地评估面临的挑战，制定出针对性的策略来优化资源配置，增强团队合作，提高产品的市场竞争力。这种结构化的思考过程，有助于明确造成问题的根本原因，预测潜在的风险和收益，从而做出更明智的决策。

从归属的角度拆解

1. 判断问题的归属

（1）产品质量和技术问题

归属：主要归责于公司内部，特别是产品研发团队和技术部门。

责任：团队需要保证产品的技术实现与市场需求相符，保证用户体验，保证数据的准确性。

（2）市场竞争和定位问题

归属：这是市场策略团队需要面对的问题，但也在很大程度上受外部市场环境的影响。

责任：市场团队负责进行市场分析，正确定位产品并制定有效的市场进入策略。

2. 相关利益方

(1) 公司内部

管理层：关注公司的长期发展和盈利能力。

产品和技术团队：关注产品质量、技术创新和职业成长。

销售和市场团队：关注市场份额、客户满意度和品牌形象。

(2) 外部利益方

消费者：关心产品的质量、可用性和价格。

投资者和股东：关心公司的盈利能力和市场表现。

供应商和合作伙伴：关心业务的持续性和交易的公平性。

(3) 政府和监管机构

关心公司是否遵守相关法律法规，如《中华人民共和国数据安全法》和《中华人民共和国消费者权益保护法》。

3. 责权利是否对等

(1) 责任与权利不匹配

技术团队可能承担着确保产品质量和数据安全的重大责任，但缺乏足够的决策权。

市场团队可能迫于高管层对快速市场表现的压力，而被迫采用短视的市场策略。

(2) 利益与风险不匹配

投资者寻求短期回报，可能与公司长期发展和技术创新的需要不一致。

员工（如技术人员和市场人员）的职业安全和成长，可能受公司策略调整的影响，尤其是在竞争激烈或经济不稳定的情况下。

通过这样的分析，创业公司可以更全面地理解内部和外部的责任分配，识别和管理与各方利益相关的潜在冲突，平衡责任与权力，从而制定更有效的策略，确保公司的健康发展和市场竞争力。

从宏观微观的角度拆解

1. 宏观的角度

(1) 行业趋势

人工智能技术的发展和健康管理市场的成长趋势。

消费者健康意识的提升和对个性化健康解决方案的需求增加。

(2) 经济环境

全球和本地经济状况，如经济增长情况、消费者支付能力和投资环境。

技术创新的资金支持，包括风险投资和政府补助。

(3) 法规政策

遵守数据保护法规，如《通用数据保护条例》(欧洲联盟的 GDPR) 以及中国的《中华人民共和国网络安全法》等。

健康管理产品的监管标准和合规要求。

2. 微观的角度

(1) 公司战略

产品开发的方向和目标市场的选择。

市场定位和竞争策略。

(2) 公司资源

技术资源：公司是否拥有足够强的技术能力来开发和维护该应用。

人力资源：团队的专业技能和经验，及其与项目需求的匹配程度。

(3) 运营管理

日常运营的效率和成本控制。

产品质量管理和用户反馈的快速响应机制。

通过这样的分析，可以更有效地利用公司的资源和优势，促进产品成功和公司的持续发展。同时，这种全方位的拆解还有助于提升各层级员工的参与感和责任感，加深员工之间的理解，形成更加协调的团队工作氛围。

从结果、角色、成本、收益的角度拆解

1. 结果

(1) 正面结果

若应用软件成功并广受好评，可以提升品牌形象和市场认知度。

增强消费者健康管理意识，提升生活质量。

(2) 负面结果

若应用软件未达预期效果或数据处理出现问题，可能面对公众信任危机。

技术失败或市场接受度低下，可能导致投资损失。

2. 角色

(1) 高层管理

决策制定，确定公司方向和资源分配。

负责寻找投资并处理高层战略合作。

(2) 技术团队

负责应用的开发、测试和维护。

持续优化技术和算法以提高应用性能。

(3) 市场和销售团队

分析市场趋势，制定和执行市场进入策略。

负责产品推广、品牌建设和客户关系管理。

(4) 客户支持和运营团队

确保日常运营顺畅。

处理客户反馈和解决问题。

3. 成本

(1) 直接成本

开发成本：包括软件开发工具、服务器费用和人员薪资。

市场营销和推广成本：广告费用、组织活动和公关费用。

(2) 间接成本

培训成本：员工技能提升和新技术培训。

法律和合规成本：为确保应用软件符合所有相关法律法规而需要的费用。

4. 收益

(1) 直接收益

产品销售收入：应用软件订阅费、一次性购买或基于使用的付费模式。

合作和广告收入：与健康产品供应商合作或在应用软件中展示广告。

(2) 间接收益

用户数据的潜在价值：分析消费者健康数据可以帮助优化产品和服务，甚至可能开拓出新的商业模式。

增强企业声誉和品牌忠诚度：成功的产品可以增强消费者对品牌的信任和忠诚度。

通过对这些方面的详尽分析，我们可以更好地理解和预测对应行动的潜在结果，以及如何通过各角色的协调工作和成本控制来实现最大的经济效益。这种方法不仅有助于策略的制定和调整，也有助于提高整个团队的目标一致性和执行效率。

我将拆解的方法系统梳理了一下（见图4-2），方便你有针对性地详细拆解、分析自己的问题。同时，我也提供了行动清单（见图4-3），帮助你更加精准地拆解问题。

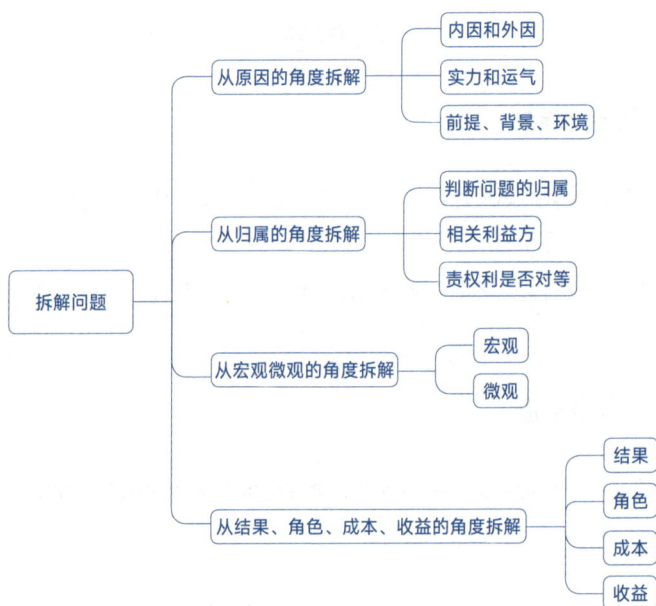

图 4-2　拆解的方法

行动清单

拆解一个你当下想要解决的问题：

☐ 列出是哪些原因造成的这些问题

  1. 内因：自身的因素

  2 外因：外部环境因素（是否可控）

  3. 区分以上原因能否改变和优化或避免

  4. 区分以上原因属于实力还是运气

☐ 定义本问题的归属：是谁的问题

☐ 拿放大镜拆解问题：拆解到每一个细节

☐ 在更宏观的维度看问题：识别真假问题

☐ 这个问题的相关"利益方"有哪些人？

☐ 对每一个人的结果／影响有哪些？

☐ 你需要谁与你协作？他需要具备什么条件？

☐ 解决问题需要哪些资源？是否还有缺口？

图 4-3　行动清单

拆解问题是解决问题的核心，本章详细地阐述了如何从不同的角度对问题进行拆解。包括从原因的角度，从归属的角度，从宏观微观的角度，从结果、角色、成本、收益的角度。从不同的角度拆解同一件事，才能真正做到"相互独立，完全穷尽"（MECE 原则）。

我也根据我的创业经验，对我的一家公司进行了全方位的拆解，手把手地带你熟悉了拆解流程。希望你在看完本章后对如何拆解问题有更深的体会，也希望你能从中获得启发，可以在生活和事业中运用这　方法。

第五章

复盘

本书第二章到第四章详细地叙述了如何对单件事情进行拆解，它运用的是单维拆商。从时间和人生的维度来说，我们不仅需要对遇到的某件事情进行拆解，还要对遇到的一类事情，甚至几类事情进行拆解和分析，这就需要运用多维拆商。这样在遇到新问题和挑战时，才不会手足无措，在拿出解决方案时有章可循。

从本章开始，将分析多维拆商，从复盘、迭代以及系统性思维这几个角度看看多维拆商在我们生活中的应用。

什么是复盘

复盘，就是把做过的事情在大脑中再"做"一遍，刻意进行的重复练习。对一些不熟悉或不够了解的事情，我们要反复去做、反复去练，持续输出。复盘是抽象版的"再来一遍"，但又比"再来一遍"更高级。

举个例子，直播 2 小时，和"直播 1 小时 + 复盘 1 小时"相比，一定是后者的效果更好。因为就算再直播 1 小时，我依然是同样的视角，陷入一件事情简单重复的循环中，看不见问题，也不能解决问题。

但如果把第二小时变成复盘，我就可以切换到观众的视角，发现自己哪个动作特别别扭，哪种语气特别让人难受。如果发现问题，我就留意用"切割"的视角去提升自己。

此外，还可以看数据。我可以在复盘直播时，将画面切换到人数疯狂增长的前 30 秒，仔细分析那个时段是自己的哪些动作、哪些话术引爆了直播间的人气。同理，我也会将录屏切换到人气急剧下降前的 30 秒，仔细看看，我们到底做了什么，导致直播间的观众流失了。

把做得好的地方、做得不好的地方全拿出来，反复总结，并且给出对应的解决方案。这样，我们就可以制订更全面的计划，去做下一场直播了。

复盘是帮助我们提升的重要途径，但是很多人只注重物理层面的"重做一遍"，不注重抽象、心智层面的"重做一遍"。后者看上去更耗费心智，但它的好处也更大。

或许有人反驳说量变引起质变是必然的结果。但如果你不经思考地堆积数量，还期待产生质的飞跃，就有可能掉进机械性重复的陷阱。不费心智地努力，哪怕坚持 10 000 小时都没有意义。

复盘是触发质的飞跃的契机。如果我们对每次直播都进行细致到"令人发指"的复盘，就会看到每场直播都有质的飞跃。

因此，复盘的意义，就是用抽象的方式，把你做过的事情在大脑中再"做"一遍。这个过程不仅能展现你是怎么失败的，还能展现你为什么能成功。把那些运气化的因素，变成可确定的、可复制的因素。

拆商，不是一天两天就能培养起来的。通过复盘，你能够更深刻地了解，拆商在这件事情上是如何起作用的，还能养成拆解的习惯。

等到养成了拆解的习惯，找到了方法，你就不会再等到事情做完，在复盘时才发现问题了。通过复盘，你能慢慢地拥有前瞻的判断力。通过复盘，你的拆商也能内化成你自己的能力，成为推动你进步的动力。

为什么要复盘

我拜访过很多优秀的人，在拜访之前，我会把先前拜访其他人的过程全部复盘一遍，看看有哪些地方没有做好的，以避免这次再出现类似的问题。比如带的礼物不合适，有一些话没说对，或者拜访目的不明确，等等。

先审视这些问题，复盘过去类似的事情，然后拆解当下的情况，明确拜访的目的及达成目的的途径。还有就是确定拜访的时间，打算聊几小时，怎么拆解这几小时，也就是怎么分配时间的问题。

拆解之后，我再去拜访，拜访后再复盘，看看目的达到了没有。我和对方有没有达成相应的合作或建立相应的联系，后续还有什么事项需要安排，需不需要跟进，等等。

虽然这些事情听起来很烦琐，但做习惯了之后，不会耽误我太多时间。可能只需几秒就能在大脑里过一遍，并发现让自己感觉不舒服的地方。有问题就把问题单独拎出来花时间解决。如果没有问题，复盘可能只是一瞬间的事。关键是习惯了复盘之后，再遇到类似的情况，我的反应就很迅速了。

另外，对于很多固定类型的事项，比如交通方式，我认为需要具备复盘思维和复盘意识。以开车为例，什么叫开车开得好？有人可能认为开得快就是开得好，而我不这样认为。

那我是如何定义"开得好"的呢？我复盘出了一个词——太极脚。就是加油的时候，我能把速度提得很高。当我想拐弯刹车时，也能缓缓减速，而不是拐弯时，猛地一脚刹下来。我既能兼顾速度和效率，也能兼顾乘车人的感受，不急刹急停，这就是我理解的"开得好"。

复盘后你会非常清楚，什么叫开得好，什么叫开得不好；怎样开车，能让坐在你车上的人感受更好。

关于做好单件事的复盘，我想给你几个小建议。

1. 明确复盘目标

始终以目标为导向，看自己的目标有没有达到。如果达到了预期，就看做对了什么。此外，我还会多问自己几个问题，比如，有没有更优的解决方案？效率能不能再提升一些？以后是不是可以继续做这件事？还能做多长时间？等等。复盘这些问题，不仅仅针对事情本身，还要考虑未来要做的事情。

如果这件事情没有达到你预期的目标，为什么没有达到，找出判断失误的地方。知道自己的短板不可怕，因为这时你会想办法，比如请专业的人出面，付费解决问题。

但问题往往在于，你很自信地做了判断，结果却出现了偏差和错误。所以，复盘的时候，如果你能找到出问题的地方，就说明你成长了。因为这个地方最容易出问题，没发现就会持续出问题。

我的习惯是在做事情之前先拆解事情。把那些让人不舒服、逻辑上有问题的地方先排查出来，再开始干。

事情在进行的过程中有可能受到一些因素的影响，我们可以建立一个区间，把那些不可控因素提前考虑进去。比如发售课程，在比较理想的情况下，你有贵人帮助的情况下，预计能卖 100 份；在比较差的情况下，把各种问题考虑进去，预计能卖 50 份。给自己留一些空间，更加从容地去应对各种情况。这时，你的目标就不再只是一个数字，而是一个区间。

2. 复盘清单

2023 年，我的第一本书《TikTok 爆款攻略》出版后，我决定做自己的 IP。我招聘了一名助理，但他的专业和经验都和 IP、跨境没有一点儿关系。他学的是园林设计，毕业后做的也是园林设计方面的工作。我为什么要找一个不懂业务的助理呢？因为我曾被助理背叛过，导致损失惨重。这一次，我决定找一个自己比较信任的人，于是找到认识了 20 年的初中同学，也是我最好的朋友之一，来做我的助理。

我把他从重庆约到成都，跟我一起做事。我的收获是，找到一个值得信任的人，可以帮我保住基本盘。我要面对的挑战是，必然要从零开始培养他，在这个过程中，我肯定要不断复盘。

我专门为他准备了一个清单：做我的助理需要提升哪些方面的能力。我罗列了 11 种大能力，比如剪辑、设计、拍摄等技能。大项下面，又分别列了七八种细分能力。我告诉他，这就是他未来半年的目标，他要在半年内全面掌握这 11 种大能力。

最开始，他觉得这是一件不可能完成的事，他说因为从来没有接触过这些事情，不可能在半年内全部学会。我让他不要害怕，我会一点一点地教他，会在做事的过程中，带他慢慢复盘和提升。

接下来，不管是在日常工作中，还是出差的间隙，我都会带他复盘每一件事。每次拜访优秀的人后，我也会带他做一次复盘：这个人是谁，我们为什么拜访他，我们花了多少时间，是怎么约到他的，他为什么要见我们，他有什么资源，彼此希望获取的价值是什么，我们谈话的目标是什么，需要带什么礼物，等等。

每个月我都会把这张能力清单拿出来，看他掌握了哪些技能，把掌握的划掉，没掌握的标记出来，继续提升。到现在为止，五个月的时间，已经划掉了 11 种大能力的 80%，剩下的 20% 还有待提升。他也明显变得更加自信，相信自己真的可以用 6 个月的时间掌握这么多技能。

3. 复盘后提出改进方案

我曾经是一个不会拒绝别人的人，在拒绝别人时特别不好意思，难以启齿。所以有人联系我，问我业务上的问题，或者想来我的公司拜访我，约我吃饭，我都会同意。表面上，我在兼顾人情世故，但当这类事越来越多，我投入的时间也越来越多时，我陷入了深深的痛苦。

于是我召集核心团队，对这一问题进行了全面复盘。复盘后，我们提出的改进方案如下。

第一，我的时间是公司最重要的资产。

第二，既然是公司最重要的资产，就应该花在对公司最重要的事情上。如果将时间花在对公司不重要的事情上，就是对现有客户和合作伙伴的不尊重。

第三，应该将我的时间定为"付费商业咨询"，才能双赢：既能够帮助公司筛选出真正有意向和有价值的客户，也能让客户享受到更加优质和专业的商业咨询服务。

第四，对没有实力和资金付费咨询的客户，不再付出一对一的时间，而是将他们引导至直播间。这样既可以一对多地利用好时间答疑，还可以提升直播间人气与互动的效果，达成双赢的局面。

请你思考一下，你对哪件事复盘后，感到在效果上有明显的提升呢？

该如何复盘

单件事复盘

有人说我是一个特别会"偷时间"的人，能把工作、生活中点点滴滴的小事，总结成一个个可行的方法。但我认为，"偷时间"的关键，是我懂得如何去复盘。

当然，一开始我也和你一样，没有复盘的思维。形成复盘思维，我一共经历了三个阶段。

第一个阶段，在吃亏中复盘。

"踩坑"，是一个人复盘的催化剂。同样的"坑"踩了两三次之后，我才开始复盘，寻找问题出在哪里。有时候，复盘是时间的产物。没有时间，就没有复盘。

我们做 TikTok 业务，之前做美国和东南亚市场，一直做得还可以。后来做英国的跨境店（中国公司开英国店铺，将产品从中国寄出），花了一些成本，做的是同样的产品，却做得很不好，订单出得不多，流量也一直起不来，还经常收到用户的差评，被刁难，甚至还遇到了仅退款不退货的用户。

诸如此类的问题很多，导致团队花了很多时间却没有什么效果，也看不到希望。2023 年 3 月，我们停掉了这项业务，灰溜溜地退出了英国市场。这件事以失败告终。闭店之后，我带着团队一起，一个维度一个维度地进行了复盘。

第一个问题：为什么有差评？

收到差评是我们的问题，还是别人的问题？我们通过复盘发现，英国市场有专业的"差评羊毛党"。我们运气不好碰到了，这是不可控的因素。毕竟我们发货的流程很严格，产品质量也一直非常好。每个商家都会遇到"差评羊毛党"，别的商家能存活，是因为提前拍摄了发货的全过程作为固定证据，并且形成了完整的证据链，所以在遇到"差评羊毛党"提出仅退款的要求时，商家能够充分举证和维权，最终申诉成功。这背后有的不只是运气，还有深厚的运营功底。

第二个问题，我们的短视频是不是不够好？

拍摄手法、剪辑方式几乎一模一样的短视频，在泰国的播放量达到了1000 万次，在英国就只有 5000 次，差得很远。复盘后我们发现，英国的总人口和使用 TikTok 的人数都比东南亚少很多，整体上看，视频的爆发力没有在东南亚强。

第三个问题，是不是选品的问题？

我带着团队一起复盘数据，同样的选品，在英国的整体流量和成交都不算多。一方面是英国市场相对较小；另一方面，我们想当然地将在其他国家卖得好的产品搬到了英国市场，没有根据本地用户的喜好和本地市场来调整选品。说到底，我们不够尊重市场。

复盘时，我们会把问题从原因的角度拆解一遍，看是什么原因造成的，放弃的后果是什么。或者说，复盘就是把之前造成失败的因素全部抽出来，下一次做类似决策时再把这些因素都考虑进去，避免出现盲区，帮助我们做出决定。

这个过程就是利用拆解的方法把它过两遍。第一遍是自己亲自做一遍；第二遍是用抽象的形式去复盘一遍。在复盘的过程中，需要本着"穷尽"的原则，从原因出发，从归属角度出发，从宏观到微观，从结果、决策、成本、收益等综合方面，整体复盘一遍。

第二个阶段，养成复盘的习惯。

复盘可以提升我们对事情的反应速度。如果你不知道怎么复盘，不妨试试输出。比如，每一次演讲就是一次复盘。因为这个过程需要你去思考哪些东西你能讲出来。此外，你还要把它的底层逻辑提炼出来，迁移到下一件事情或其他人身上，给别人启发。

以前我不太会演讲，为了做好演讲，我把与一次演讲相关的事都复盘了一遍，复盘出很多好的东西又被我吸收利用到下次演讲中，我因此进步了很多。这就是"费曼学习法"的精髓吧。

复盘，不仅能总结出我们是怎样"踩坑"的，还能帮我们识别出一件很重要又容易被忽略的事——我们是怎么做对的。

大部分人在取得一定成绩后，会笼统地认为自己做对这件事是因为自己的能力很强，往往会因此忽略掉去思考影响成功的因素到底是什么。

就好比有些人做生意，觉得自己决策对了，所以赚了钱，但如果他们去复盘，可能就会发现，赚到钱的真正原因，不是决策对了，而是刚好踩中了某个点、某条线，进入了正确的领域。说不定自己当时的决策不是什么厉害的决策，说不定另一个决策能让自己赚到 5 倍、10 倍，甚至更多的钱。

通过复盘，找到自己成功的原因，成功就变得可复制了。这时，你没有那么膨胀了，对很多事情都有了学习的动力和敬畏心了。否则，存在认知偏差，你下一次还会做同样的决策，很可能这次凭运气赚到的钱，会因为下一次的不走运而亏出去。

总之，对于复盘这件事，我们要勤奋，不能懒。每天都可复盘，每件事都可复盘。要养成复盘的习惯，时时刻刻复盘，每一阶段都做复盘，每件事都做复盘。养成这样的习惯，你的判断力和决策力会很快得到提升。

第三个阶段，把复盘结果分类。

我开始做个人 IP 后，每天都需要产出很多内容，做很多事情。短视频、直播、私域运营等，占用了我大量的时间，我成长得很快，获得的信息量也非常大。我想了一个办法，既可以整理好这些内容，又可以让我做好实时复盘——建立内容库。

最开始，我建立了 10 个内容库，后来随着内容类别的细分，增加到了 20 个，甚至更多。我每次将对应的内容整理到我的内容库（见图 5-1），都是一次分类复盘。

比如，有一个内容库是"经验与避坑总结库"，里面是我做 IP 和做业务时所有的经验总结、"避坑"总结、"红线"总结，我用这样的方式把复盘的结果进行了分类。

现在，我不再需要形式化的复盘（例如做笔记），因为我已经养成了时时刻刻复盘的习惯，它已经是我的一种思维惯性了。

读到这里，请你思考一下，目前你的复盘处于什么阶段？你想不想往下一个阶段再进一步？

IP介绍库		经验与避坑总结库	
SOP库		客户与项目管理库	
TTS内容库		人脉资源库	
案例库		素材库	
背景与市场调研库		设计物料库	
产品库		图文内容库	
财务文件库		相册库	
短视频库		线上+线下活动库	
法律文件库		选题库	
工具库		运营文件库	
公域营销库		账号库	
话术库		抓手库	

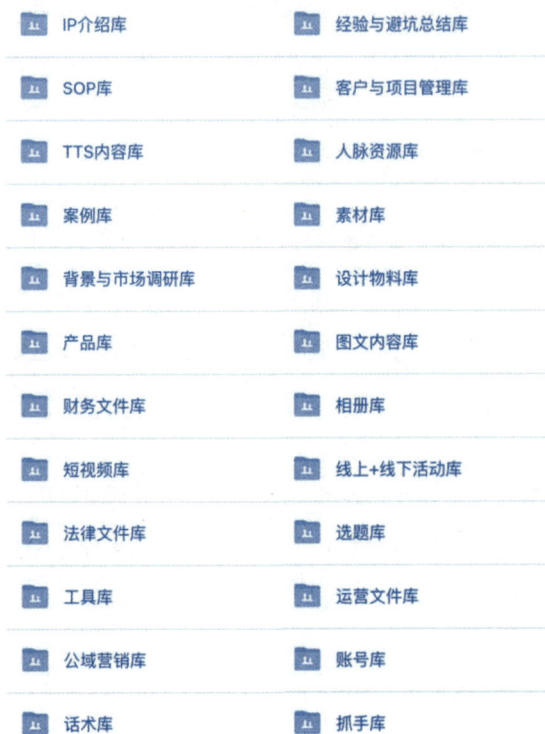

图 5-1　我的内容库

阶段性复盘

阶段性复盘，就是设置好时间段，每经过一个阶段，就强制自己做一次复盘。我一般采用月度、季度、半年和年度这几个周期来做复盘。

每个月，我都会要求自己和员工一起进行复盘。我要求复盘的方式比较特别，我会让员工们分别给我写一封信，他们可以选择手写或发送电子邮件。至于信的内容，我不设限，可以对我说工作，说自己的思考，说焦虑，说不满，说情感，想说什么都可以。

我会非常用心地回复他们，像是老板和员工在谈心。

有一部分员工和我面对面交流时往往不能畅所欲言，总会有所保留，我洞悉不了他们真实的想法；但以写信的方式，他们能放下顾虑，敞开心扉，这种沟通是真实、及时、有效的。

有人写得很短，可能是将这个复盘当作任务；有人写得比较长，确实在思考、反思；也有人写了更感性和更私人的内容。这对我来说，是特别好的阅读型的复盘方式。

我和员工每个月的信件沟通，相当于对整个公司做了一次复盘。

关于制订阶段性复盘计划，我想给大家一些建议。

1. 强制复盘

其实，我们每个人都有强制性复盘的经验，比如期末考试，是对一学年的强制性复盘。从小学，到中学、大学……每一个阶段的考试都是强制性的，是对你这些阶段学习情况的复盘。

毕业后，人生就再也没有这种按学习阶段安排的考试了。接下来，就要靠我们自己给自己创造复盘的机会了。只不过，这样的复盘大部分不是客观上强制进行的，而需要我们自主进行。

无论是对于自我成长，还是创业过程，主动复盘都能让我们变得越来越强大。你能够感受到自己的能量像滚雪球一样越滚越大，而且，它也一定会体现在你的财富上。所以，毕业之后的复盘，不像学生阶段被动接受的考试，它是由你自己设定节奏，自我驱动去进行的。

还没有养成复盘习惯的人，赶紧行动起来吧，不管是月度、季度，还是半年、年度，只要坚持去做，就会发现它的好处。

如果你觉得很难做到，也可以让他人来协助你。比如上文提到的，我每个月会让员工给我写一封信，我也会回一封信。这样，复盘这件事就变得不那么枯燥了，我还可以借此了解到团队的成员，了解业务板块的每一个细节。

2. 设置好进度条

我的公司有一项很重要的业务，就是帮助优秀的中国企业、优良的中国产品做出海操盘。在操盘这些项目的过程中，我会安排阶段性复盘。

在项目开始前，我会根据操盘方案，设置好该项目的进度条。这个进度条是什么呢？就是 3 个月、6 个月、9 个月、12 个月这几个关键节点要实现什么样的目标、达成什么样的效果。

一般来说，我会设置以 3 个月为时间单位的 MVP（最小化可行性闭环测试）。比如，一个产品的 MVP 是 3 个月达成 100 个订单。也就是不管用什么方法，打广告也好，做短视频或直播带货也好，3 个月一定要达成 100 个订单。

我们要用这 100 个订单测试我们的选品可不可行，内容可不可行，渠道可不可行；GMV 收了多少钱，房租花了多少钱，人工花了多少钱，进货花了多少钱，物流花了多少钱，核算诸如此类的成本等。如果发现 100 个订单的背后存在没有预测到的成本，或者没有预计得那么畅销，那么这个产品或销售方法就需要做出调整。我们需要重新调整产品和销售策略，再以 3 个月为单位进行测试。直到找到目前最行之有效的一种方式。

只要做好 MVP 的规划，我们在做项目时就有充分的安全感。

过了这个阶段，再集中力量创造奇迹。确定好渠道和策略，密集地发布短视频，用大量直播做矩阵号，把流量拉起来，然后不断地出单，这就是扩量期。

3. 每半年做一个视频复盘

如果你正在做 IP，我建议你以半年为一个阶段，做一次视频形式的复盘。平时参加的活动、演讲、分享、见过的知名人士、接受的采访等，都是打造 IP 所必需的。如果平时能够收集、积累好这些内容，每半年一次将它们做成视频复盘，你会发现，自己在短短半年时间里做了很多事情，也有很多收获。做半年视频总结，相当于人为的"转发时刻"和"点赞时刻"，相当于你定期为自己去植入广告，对激活你的私域大有益处。

如果做半年复盘时发现自己没什么东西可讲，你就会清晰地感受到自己的问题出在内容库不足上。接下来，你要刻意增加自己的线上和线下活动，并做好素材的收集整理，把自己的内容库丰富起来，让自己有足够多的东西可以去复盘。

阶段性复盘就好比打一口井，井打得越深，你获得的水或石油就越多（赚钱就好比获取水和石油）。但是在往下打井的过程中，你会遇到不同的地质条件，就需要换不同的钻头，从不同的角度去打。

最后，我建议你马上做一个半年的复盘，看看自己在这半年里都做了什么，有哪些收获。

复盘中的误区和规避技巧

大家在复盘的过程中，经常会陷入一些误区，主要有以下四个。

第一个误区：过于追求形式化。很多人在复盘时会受到形式的限制，觉得需要拿起笔和笔记本，做好笔记，或者用周报、表格、复盘 App 完成，即"只有借助工具才能开始复盘"。这些形式，对复盘确实有一些帮助，但并非复盘的核心。复盘的核心在于明确复盘的目的。复盘的目的包括认真总结经历的事情，在此基础上提炼出经验，比如，列出有哪些需要注意避免踩的"坑"，以及当初为什么没有意识到会"踩坑"，并明确一些底线，比如一旦触及，就决定项目生死的底线，等等。

第二个误区：被沉没成本绑架。我们都是普通人，有时候难免会因为沉没成本影响了自己的决策和复盘。比如，已经付出了很多努力或金钱，在复盘的时候，就把这一情况当作前提，这就很容易限制住复盘的范围，让复盘仅仅停留在自己的主观意向里，失去了客观性和公正性。

如何在复盘时避免这个问题呢？先要调整好自己的心态，鼓起勇气把沉没成本剔除，再开始复盘。如果你觉得自己没办法客观地做到这一点，那就找一两个你认可甚至崇拜的人，陪你一起复盘。因为在他们面前，你会尽量让自己保持客观，而不是自欺欺人。

第三个误区：陷入固定型思维。有时候某个项目的进展状况不好，你可能会想当然地认为是这一个固定的问题。但要知道，复盘的目的是打破惯性思维。如果你把复盘用来合理化自己的行为，可能会加深你的错误，下次可能还会犯同样的错误。

所以，复盘时要抱着这样一种心态：要颠覆自己，要让自己不舒服，让自己有心智上的疼痛感，但不要因此而消沉。复盘后感觉很痛快，且情绪很稳定，这样的复盘才是积极的复盘。

第四个误区：把问题归结为运气不好。复盘时要避免把失利归结于运气差。不能认为自己这次运气不佳，下次会走运，下次一定行。我第一次考托福考得很差，我爸问我考得怎么样？我说，重庆真的太冷了，冷到我的手指都僵了，打字慢了很多，这次运气不好，下次不在重庆考就好了。第二次我选择了其他考区，依然考得非常差。我才承认，是自己还没有复习到位。

很多时候我们的复盘出现错误，是因为没有直面问题，没有找对问题，没有定位到核心的问题。

发现隐性风险，及时止损

2017 年，我打算在美国开一家麻辣海鲜餐厅，主打新鲜、美味和便捷的食物。顾客点餐后，我们会用塑料袋包好菜品端上桌，附赠手套，让顾客可以用手套包着吃。这种吃法在当时的美国十分流行。通过前期的市场调研，我发现这类餐厅选址灵活，预期客流量很高，营业模式也很简单，股份占比合理，供应链稳定而充足。于是准备入局，并做好了各项安排。

但就在决定开餐厅的前夕，我想到了一个问题。我之所以产生了开餐厅的念头，是因为一位打算与我合伙的老板曾经在华盛顿的一家类似的餐厅就餐，体验极佳。他因此产生了自己也开一家同样风格餐厅的想法。

于是，我又做了一次复盘，把了解到的信息重新梳理了一遍，对餐厅的名字、商标、营销模式、菜品、环境等一一进行了复盘。结果发现，它们跟华盛顿那家餐厅的各个细节都高度相似。

我在美国就读的专业是知识产权法，其中包含商标法。我意识到，我打算入局的这个新餐厅，很有可能会侵犯别人的知识产权，出现商标混淆的问题。而法律的底线就是我做事的底线。我和老师就这一问题进行了沟通，老师的回复也印证了我的判断。

我想，如果我真的入局，可能餐厅还没开业，就要赔一大笔侵权费了，于是我最终选择不入股。而一个朋友没有听我的劝告，坚持开了这家餐厅，果不其然，没过半年，这位朋友就收到了律师函。

复盘，不要只是确认你觉得有问题的细节，更重要的是善于发现那些你忽略的细节。这些细节可能看起来微不足道，甚至是隐形的，但只要你心细如发，一点点地复盘，它可能很快就浮现了。

价值观不符，果断舍弃

我有个朋友，通过朋友介绍认识了一位创业者。这位创业者做的是知识付费课程，主打的概念是"利他"。朋友当时并没有亲自体验这个课程，直接就与对方展开合作。在之后的合作过程中，他发现这位创业者和自己的价值观有严重分歧，其项目也并不像宣传的那样"利他"，而是打着"利他"的幌子，做着利用学员谋取钱财的事情。朋友因此吃了一些亏，还被贴上了负面标签。

复盘时，朋友一直在想，自己没有听过这位创业者的课，为什么就轻易做出决定了呢？经过分析，他认为，自己和这创业者对"利他"的理解不同，对方认为的"利他"就是售课赚钱，而朋友理解的"利他"，就是真正有利于他人的成长。

在现实生活中，进入 IP 这个赛道后，我们会遇到形形色色的合作伙伴，甚至可能与其他人共同合作打造 IP。如果一开始你非常认可一位合作者，但深入交流后发现你们的价值观并不一致，你该怎么办呢？我有很多朋友遇到过类似的问题，想让我就这个问题帮他们复盘。

为什么你一开始愿意和这个人合作？可能是因为熟人介绍让你很信任对

方。也许熟人是为了你好，但不代表熟人介绍的就一定是好的、专业的、与你合拍的。

所以，对重要的合作，你要进行二次确认，重新审视一遍。很多人不经审视就与对方展开合作了，自然会出问题。另外，你一开始对合作感觉好，其中是不是有被忽略的细节？在上述案例中，我的朋友就忽略了价值观这件重要的事。

以"IP合作"为例，二者价值观的主要体现，是对"做IP售课"这件事情的认知。你的初心是赚用户的钱还是把好的知识和经验、最前沿的策略和方法分享给别人，真正做到"利他"？你要根据实际情况去判断，看看对方是不是有真材实料，价值观是不是真的与自己的一致。

那位朋友在复盘后发现，其实有很多小事可以表明这位创业者的价值观和自己的不符。比如，对方连课表都没做出来，单靠洗脑和调动情绪，就开始了直播售课，而且他们的销售和推广策略，是诋毁竞争对手。如果能够早一点儿做好关于价值观的复盘，那么朋友就能早一点儿发现其中的问题，不至于吃如此大的亏了。

在失败中，谨慎前行

我和那位朋友复盘后，朋友总结了两个要点。

第一，放弃之前，须履行自己的义务。虽然朋友已经确定自己与合作伙伴的价值观不符，决定即使舍弃这笔投资，也不继续合作了，但不管他的合作伙伴怎么样，他交付的内容必须是高质量的、对学员有用的。这一年他就当自己是在义务劳动，训练口才了。他需要每周交付一次课程内容。在讲课这件事情上，他不希望损害自己的名誉。

第二，解决问题后，再开始行动。当时，他面临一个问题：要不要继续做这个 IP。虽然合作双方的价值观不符，他吃了一些亏，被贴上了不好的标签，但他也有收获，认为这次合作使他切身体会到，在做直播课时该如何组织口播，如何调动用户的情绪，如何设计整个课程的形式、制订营销策略、确定内容交付手段等。对这些流程，他都有了实践经验。

他在我的帮助下复盘后，知道了这个流程的 SOP（标准作业程序）是怎么回事。现在，他很确信，自己下次再做这个业务板块肯定是没问题的。

但他没有立刻启动新项目。因为通过复盘，他也体会到了定位错误的问题及其带来的后果。所以，如果打算继续做，必须有一个非常好的定位。先解决定位问题，再来布局。

他表示，如果没有找我帮他进行这场复盘，这件事情对他来说将只有损失而没有收获。经过我们一起复盘后，他有了意想不到的收益，这些收益超过了亏损。虽然他投入的资金未能收回，但他有了很强的信心可以重新出发了。

复盘的目的不是证明自己是对的，而是想办法将自己抽离出来，用一个更加理性客观的视角，去发现自己没有意识到的、忽略的问题。

想一想，你有没有觉得自己白白吃亏的时候？如果有，不如为这件事做一次复盘，看看能从里面挖出什么有价值的东西。

复盘表

复盘表，能让你的复盘变得像做填空题一样简单。

如果你不善于复盘，在没有养成良好的复盘习惯或复盘逻辑还不够清晰时，可以拿一张复盘表，把需要复盘的要素依次填写上去，这是一种非常简单有效的复盘方式，也能够帮你理清复盘的思路。

复盘表是一种有效的工具，用它训练一段时间，自己就可以在大脑中自动复盘了。复盘表能帮你养成复盘的习惯，并且让你在多次复盘后，进入无意识、有能力的阶段。

复盘表不仅可以用在我们自己身上，当我们为学员或客户做一对一咨询、诊断时，也可以将它的作用发挥出来。

我刚开始为客户做咨询时，就发现了一个很大的问题：客户付费买 1 小时的咨询服务，我 40 分钟都在了解他的问题。2023 年 12 月，我的咨询费是 5 万元 / 小时，对方希望珍惜每一分每一秒。如果我用大量时间来了解他的问题，这个咨询在他心里的价值感一定会大大降低。同时我也发现，前期采集问题，并不需要我亲自做，我的助理完全可以胜任。

所以，我会提前准备前采表（见表 5-1），在咨询之前，让助理发给客户。客户可以自己填写，也可以由我的助理进行电话采访整理填写。填写该表的过程，也是他们对自己的产品或业务复盘的过程。

表 5-1　前采表

您的姓名：

您的联系电话：

您的常驻城市：

您的公司名称：

您公司的人员规模：

您公司的年销售额为多少？

您公司的所属行业：

您公司的主营业务有哪些？

您参与到该项目中的程度如何？项目操盘手是谁？

您正在做的产品是什么？用户画像是什么？产品卖点是什么？

您做的产品目标市场是哪里？

您在本项目投入的资金、时间周期、资源等情况如何？

您的产品是否有备货？备货量如何？产品供应链的来源是什么？

您想咨询的具体问题是什么？请详述。

请列出您本周与下周内可以沟通的 5 个时间段：

其他需要补充的信息：

如果你希望自己能够时时复盘自己的事业或人生成长，也可以做一个自己专属的复盘表，让赚钱的思维流程化。在这里我分享一个我的复盘表（见表 5-2）给大家作参考。

表 5-2　我的复盘表

	内容	评分 / 优化方案完成度 %
目标		
重要阶段 1		
重要阶段 2		
重要阶段 n		

	内容	评分 / 优化方案完成度 %
"踩坑"总结		
宝贵经验		
可迁移知识		
核心策略		
合作伙伴		
资产变化		
影响力变化		
人效比 / 团队配合度		

即使有了复盘表，做复盘的时候，你也需要注意以下几点。

1. 学会超越复盘表

你的目标不是让复盘表陪着你，而是超越复盘表。复盘是一个过程，不是结果，不是你要达到的最终状态。它只是一个工具，不要被它束缚住。用复盘表的时候，最容易犯的错误就是过于依赖它，以至于让复盘变得机械化、形式化。更应避免的是，仅仅习惯性地遵循复盘表的步骤，而忽略了深入思考。

复盘表只是一个帮你将复盘过程内化的工具，它是路径，不是目的。千万别被框在复盘表里。

2. 根据自身情况，优化复盘表

根据自己的情况，去修改和迭代复盘表。我提供复盘表不是为了让大家一成不变地使用它，你可以修改或增删其内容。一切都要以终为始，都是为了让你的复盘更高效、更有用，效果更好。

3. 掌握复盘表里最基本、最底层的东西

复盘表需要有目标、路径、关键节点、参与人，以及涉及的关键人物、所需资源、预期效果、完成度等，这些是复盘表的基本要素。其他内容，可以根据自己的需求去增加。

在这里，送给你一句话：**复盘表与流程化的东西是一把双刃剑**。它既可以提高你的效率，也有可能限制住你。所以我们不仅要学会使用它，更需要驾驭和超越它。

复盘是一个系统的、反复练习的过程，旨在通过抽象的复现帮助我们掌握和熟悉各种技能与知识。它不是机械的重复，而是一种高层次的思维活动，能够让我们看到问题、分析问题，并找到解决问题的方法。

复盘也不是重做某件事，而是通过深入地思考和分析，将经验转化为深刻的见解和可行的行动计划。这种方法不仅适用于直播或其他表演艺术，同样适用于商业、学术和个人发展等多个领域。通过复盘，我们可以构建一种思维习惯，即在行动之前、过程中和之后都进行全面分析和评估，确保

每一步都是经过深思熟虑，并朝着正确的方向前进的。

复盘不仅是一种技能，更是一种思维方式，它教会我们如何在复杂和不断变化的环境中清晰和有目的地思考，包括如何从错误中学习，如何在成功后继续前进，不断追求卓越。

第六章

迭代

什么是迭代

在软件开发、项目管理和创新领域中，迭代是指通过反复循环来逐步改进和完善产品、项目或想法的过程。在每个迭代周期内，团队会进行一系列的计划、开发、测试和评估活动，以增加价值、解决问题或改进功能。通常每次迭代都会产生一个可以发布或评审的版本，同时也会作为下一次迭代的基础。通过迭代，团队可以不断吸收反馈、调整方向，并逐步实现目标。

同理，个人也可以不断迭代。个人迭代是指个人通过反复学习、实践和反思来不断改进和完善自己的能力、技能或想法的过程。通过个人迭代，我们可以逐渐提升自己的技能，拓展思维，改进工作方法，并实现个人的发展目标。

为什么要迭代

复盘是量变，迭代是质变。定义问题就是找准方向，在找准方向后，我们就要努力创造奇迹，不断积累经验。每积累一段时间，就要做复盘，多次复盘后，你会惊喜地发现，自己已经完成了一次迭代。

比如写书。我在写第一本书《TikTok 爆款攻略》时，完全没有经验，从列大纲、写内容、改内容，再到出版，一整套流程走完，一共花了将近一年的时间。

之前我完全不了解出书这件事情，当我跑完整个出书流程后，再出书就轻车熟路了。且身边只要有人想出书，我都可以给他们提供一些实用的建议，这就是迭代。

迭代，是一个结果的体现，我们需要不断积累、输入、复盘，同时还要在某一个领域钻研，才能收获质变的结果。

自我要求：每三个月必迭代

我对自己有个要求：每三个月至少在一个方面进行迭代。这三个月不一定是每年的 3 月、6 月、9 月、12 月这样固定的时间点，而是任何一天往前倒推 3 个月，我都要做到能马上说出来在过去的三个月里，我在哪方面有迭代。

这个意识很重要。以终为始，会让我每天都输入新的知识。而且，不是简单的碎片化的内容输入，必须是能转化成相对系统化的主题，让我花至少三个月的时间去吸收和实践，并且自我迭代。

作为创业者或老板，要将自己打造成一个团队，不管是做内容、做产品、做营销、进行管理，还是了解金融、法律、财务、税务、技术，都得主动学习，成为一个多面手。

做 IP 也是如此，平台、算法都在不断迭代，每三个月就会有一批新的 IP 出现，也会有一些新的热点呈现在我们的眼前。如果你不迭代，就会被淘汰。我相信，如果你做过 IP，会更清楚每三个月迭代和每半年迭代的重要性。

我曾经在定位自己的 IP 时，分析自己有什么过人之处。最开始我很为难：论成功，有太多企业家比我成功；论有钱，无数排行榜上的富豪却比我低调，那我的最大优势是什么呢？我想应该是学得快、吸收好、输出快、能落地。这不就是迭代能力强吗！在这方面，即使比我更资深的人，迭代的速度和持续程度也不一定比得上我。于是，我决定好好发挥这个优势，持续进步。

在成长发展的道路上，如果大家平均的进步速度是 1，那么迭代就是加速我们成长的系数。如果你的迭代速度是别人的两倍，意味着你的系数为 2，你的成长速度就是 $1 \times 2 = 2$。系数越大，你超越别人的速度就越快，你的实力就越强。

迭代的前提是行动

迭代的前提一定是行动。不行动，永远也迭代不了。在行动的过程中迭代，不断拓展资源，让自己越来越强大。主动迭代的人和被动迭代的人，成长的指数差异是比较大的。所以有了想法，要马上行动。行动的作用毋庸置疑。兵贵神速，机会稍纵即逝，没抓住机会，赚钱的事情别人就抢先干了。

我曾经只是模模糊糊地了解，出书对做 IP 来说很重要，但一直没有行动，所以也不可能在出书这件事上有真正的迭代。后来我开始写书，一点一点地从 0 到 1 把这个任务完成。有了真实的体验，才能真正拥有迭代的前提。

完成了这次迭代，我也真真实实地感受到了迭代给我带来的好处：出书以后，很多人找到我，为我提供了优质资源，与我洽谈优质合作，还有一些高质量的客户主动找我付费咨询。

定位准确、方向正确，就有了"1"作为基础。迭代就是在这个"1"的基础上，外界主动给你叠加到"2"的资源。你更进一步，做到"3"之后，外界又帮你迭代到"4"……如此交替上升，促使我们的能力和眼界都不断提升。

关于写书，我不仅仅完成了第一次迭代，还有第二次、第三次……

一开始，我的《TikTok 爆款攻略》只写了简体中文版。后来，很多资源和伙伴找上我，让我得知很多海外用户也想学习这本书里的内容。于是我又写了英文版，并在美国出版上市，售价 200 美元一本。作为全球首本系统介绍 TikTok 的教材，它旨在服务于全球想学习 TikTok 的用户。英文版图书的撰写和出版，对我来说就是再一次的迭代。

不仅如此，在第一本书出版后 3 个月，我开启了第二本、第三本书的撰写。我相信，每本新书的出版，都是我对自己的复盘，并且在写完书之后，我都能在某一个领域实现一次迭代升级。

迭代就是如此，可以在深度和广度两个维度上展开。

站在这个视角，我们再来看看为什么很多人会痛失赚钱机会。因为很多人有了"1"之后，即使别人把"2"推到了他面前，他也会因为没有足够的积累，无法识别真正的机会和风险，被动地拒绝了"起飞"的契机，非常可惜。

在这里我送给你一句话：每一次迭代，都是财富增长的重要机会。

而且，迭代不是单向的，而是多维的，可以像上楼梯一样，逐级上升。

思考一下，你的哪一次财富增长是通过迭代实现的？

怎么做迭代

刻意练习是迭代过程中不可缺少的一环。而拆解的过程就像梳理事物的"骨架"，要把"肌肉"练得强壮和紧实，还要依靠刻意练习。

对问题的理解、定义、拆解、复盘等，都需要刻意练习，再以此为基础进行调整和完善。刻意练习可以夯实我们的基础，让迭代的步伐更加稳健。

2020 年，我刚开始接触直播。那时候，我为了一场直播，会写七八页手稿，就害怕自己准备得不够充分，直播时没话讲。虽然写了很多内容，但我的直播效果却并不好。那时我给观众的感觉是紧张，不放松，而且总教人做事，非常不讨喜。

我意识到了自己在直播中存在的问题，便开始刻意练习和复盘，并在复盘中不断迭代。现在，我已经完成了上百场直播，效果一次比一次好，在线观看人数也从最开始的几个人，十几个人，变成上万人，甚至十几万人。

现在，我不需要刻意准备，打开手机就能直接开启一场直播。不仅如此，我直播时的状态也不再紧绷，而是非常松弛，收放自如。我时不时会"自黑"一下，让直播轻松愉快，也让大家眼里的我更加真实、立体。

那么，怎么做好刻意练习呢？

1. 在生活中刻意练习

刻意练习，其实存在于我们的生活细节中。

比如，我有一个爱好是玩"狼人杀"游戏。大部分人可能觉得"狼人杀"只是一个游戏，就是一群人巧舌如簧地撒谎和演戏。但我认为，每一场游戏都是一次重要的刻意练习的机会。

我是如何在游戏中刻意练习的呢？

第一，刻意练习对时间的感知能力。在"狼人杀"游戏中，每个角色的发言时间有且只有120秒，每位玩家要在120秒内讲清楚自己的分析和判断，既要攻（将你认为可疑的角色，以及为什么可疑分析出来，并且说服自己的队友），又要防（当别的玩家认为你很可疑时，你要消除自己的嫌疑）。想做到这一点，就需要我们从众多的信息中，先分辨真假，找出真信息；再从真信息中筛选出最有用的，并"翻译"成其他玩家最能够接受的版本，在短短的120秒内表达出来。如果你对时间的感知度不高，就可能还没说到重点，时间就到了，不能达到自己的目的。

第二，刻意练习逻辑思维能力。这一点很容易理解。我们要将自己所有的判断和缜密的逻辑推理过程表达出来，找出自己的队友，一起走向胜利。

而这种推理过程又需要用条理性的语言表达出来。如果我的推理不严密，就算不限时间，想说多少就说多少，也不会有人相信我。

第三，刻意练习团队协作能力。"狼人杀"游戏可以帮助我们清晰地体会到团队协作的力量和问题。这个游戏包含好人阵营和坏人（狼人）阵营。一般来说，好人阵营有 8 个人，坏人（狼人）阵营只有 4 个人。

可能有人会说，人数不一样，这不公平。但恰恰相反，这很公平。因为好人是"盲人视角"，不知道谁是自己的好人同伴。而狼人却不一样，他们会在"天黑请闭眼"时确认谁是同伴。这样一来，好人可能会内斗，而狼人们却非常团结。这就是信息差的作用，仅仅多了一条信息，就能让一方在人数上有一倍的优势。

在我看来，"狼人杀"能够帮助我高效地刻意练习团队协作。这个游戏的角色是随机的，每个人在每一局都会抽到不同的角色。有时候是团队的领袖，控制全场；有时候是一个小角色；甚至有时候需要为团队的利益做出个人的牺牲。

很多人玩这个游戏时，只顾自己能否把人骗得团团转，自己的游戏体验是否到位，而没有将团队的胜利作为最重要的目标。而将"会骗人"当作玩这个游戏的意义，会经常输掉游戏。

真正以团队利益为主的人，愿意以自我牺牲的方法，实现团队利益最大化。比如，狼人阵营有时会安排一位队友自我暴露，扰乱好人视角，从而博取胜利的机会。

第四，刻意练习自己的语言表达能力和说服力。 像我们这种老手玩家，说话比较专业，会用一些游戏的专业术语交流，也会将逻辑捋得非常严谨。但很多新手玩家，不是靠逻辑去玩，而是靠感受去玩。如果对待新手玩家也只注重逻辑不顾他们的感受，或者讲他们听不懂的专业词汇，他们不仅不会相信你，反而会觉得：你这么会讲，一定是狼人！必须先把你投票出局，你太危险了。

而我在面对新手玩家时，会先认可他是个好人。我经常说："他说话很真诚，而且一直在为好人做事情，我认为他一定是个好人。"这会让新手玩家觉得自己被我认可和保护了，很安全。只要我还在场上，他就是安全的。所以他不希望我被投票出局，即使我是"狼人"，他也不会倾向投我的票。

总结一下，"狼人杀"游戏对我来说，除了解压、好玩，还帮我刻意练习了以上几种能力。刻意练习可以无处不在，我们做的每一件事情，都可以成为刻意练习的契机。要是一味懒散，从未想过要刻意练习，就会错失很多好机会。

2. 手和脚可以懒，但头脑必须勤奋

很多看似勤奋的人，也许并不是真正的勤奋。很多时候，反而是懒人在推动着这个世界发展。有些看着努力的人，做的却是物理层面的努力和刻意练习，不涉及心智层面，所以进步非常有限。而有些懒人，也只是物理层

面的懒，在心智层面非常勤奋：为了偷懒，想尽办法。

我就是一个典型的手懒脚懒，但大脑不会停止思考的人。晚上睡觉前，我的大脑里有各种各样的事情，很难停下来。我不停地思考，让大脑得到了更强的训练，也给了我更多发现漏洞和契机的机会。我经常开玩笑地评价自己："我的智力值拉满，武力值却为零；工作中所向披靡，生活中不能自理。"

因为我很清楚，我的时间非常有价值。对那些我认为价值较低的事情，比如打扫卫生、整理房间，我宁愿花钱请专业的保洁员和整理师来做。因为同样的时间，我能创造百倍以上的价值，我等于给自己节约了 99% 的时间和钱。

我们不能自欺欺人，用战术上的勤奋来掩盖战略上的懒惰。我所说的刻意练习，指的是心智层面的。因为不断升级你的头脑和判断力，你就会成为越来越不可替代的人。

3. 只有在不可被替代的事情上，才亲力亲为

很多人向我咨询如何做时间管理，觉得一天 24 小时根本不够用，而我却能在兼顾很多事情的同时能量满满。

那是因为对我来说，可以被他人替代完成的事情，我倾向于花钱请人来做，只有那些必须由我亲自去做、别人无法替代的事情，我才会亲力亲为。这样，我就能将管理的杠杆用到极致，既能撬动更多效益，也能最大

程度上保证事情按照我希望的方向发展。

哪些事是我必须亲力亲为的呢？在事业上，当我发现新的机会出现时，我必须探路摸索，探路的事我不会交给别人去做。我的创业项目，不管是华人快递、二手车生意，还是独立站、做 IP、写书等，从 0 到 1 的部分，谁也不能替代我完成。

很多人对别人寄予不切实际的希望，尤其是在创业这件事上。比如，我遇到过很多老板，他们都有同样的想法："我有一个非常好的创业点子，找个会 ×× 的人来做，这个事就成了。"这相当于将此次创业的成败寄希望于这个所谓的关键人物。过了一段时间后，他们会发现事情并没有像自己想象的那样发展，最终只能以失败告终。

创业，绝大多数老板都要亲自带领团队，在黑暗中凿出第一缕光。对创业公司来说，从 0 到 1 这个过程不能全托管，老板亲自摸索是不可被替代的事情。直到跑通这条路后，你才可以把事情交给团队去"复制"，这时，它才会转化成你可以被替代的事情。

举个例子，我们在英国做 TikTok 小店时，经常遇到快递价格不对的情况，明明是 5 英镑，快递员计算的结果却是 10 英镑，申诉也总是失败，因为没有证据证明我们的货到底有多重，我们经常遭受这样的损失。

后来我想了一个解决方案：必须固定发货证据。每次发货之前，我们都会用手机拍一个发货视频。视频里有称重、测量快递箱的尺寸、封箱、贴好专属发货标签等步骤，将发货的所有证据都通过这种方式固定下来。

再次遇到快递费算错的情况时，我们带着这些固定好的证据进行申诉，平台审核后接受了我们的申诉，将算错的费用退还给了我们。

后来，我发现拍摄发货视频还有两个好处。

第一，有些想贪小便宜的客户，同时买了两件产品，但说自己只收到了一件，要求将另一件做仅退款处理。遇到这种情况，我们会将发货视频作为证据提交申诉，视频里清清楚楚地展示了我们将两件产品都放入快递箱，并且贴上专属标签，平台看到视频就会通过我们的申诉请求。

第二，我们在运营 TikTok 账号时，这些发货视频也成了可以发布的重要素材。发货视频可以真实地反映出产品受欢迎的程度，再配合"沉浸式发货"和解压音效，点击率就更高了，帮助我们获得了很多流量。

如果没有亲自去跑 TikTok 小店从 0 到 1 的过程，我一定不会发现这些问题，也不会想出拍摄发货视频的解决方案，从而一下解决了三个问题。这就是我说的不可被替代的事情。

而在定下拍摄发货视频这样的策略后，再把这件事交给团队去复制，就是可行的。

在你的事业中，哪些事情是可以由他人替代你做的？哪些事情是你必须亲力亲为的？

萃取总结，不断创新

萃取，就是透过现象看本质，把表面的东西去掉，把精华，也就是底层逻辑提取出来。学会萃取，是不断迭代不可或缺的环节。

什么是萃取

我第一次体会到萃取的感觉，是在"得到大学"（现在更名为"得到高研院"）。当时我要给同学们做一次演讲，"得到"的打磨教练带着我一步步完成了对内容的萃取。

一开始，我在演讲稿里写的是比较具体的事情，像流水账一样。打磨教练引导我思考："你为什么能想到这个办法？这个办法是否能用于解决其他问题？你解决这个问题是为了什么？"经过反复挖掘和追问，我终于从想分享的具体事情中，萃取出了几个可以迁移的底层逻辑。

当时我分享的主题是："如何让客户成为你的灵魂推销员？"我们首先明确，这个分享本质上是在讲"如何让别人心甘情愿地为我做转介绍"。接下来，我就通过几个小故事，萃取出背后的三大底层逻辑。

首先，满足他人的需求，让他人产生帮助你的意愿。这背后其实是我们能给客户带来怎样的价值，最重要的是，客户传播你的产品，对他自己有什么好处。就像发朋友圈一样，如果你希望你的朋友在朋友圈帮你分享和曝光，那你一定要想清楚，他们为什么愿意在朋友圈发布关于你的内容。这样的行为，是会消耗你们的关系，还是会让你们的联系更紧密？

例如，我的第一本书《TikTok 爆款攻略》出版后，我希望身边的知名人士帮我发朋友圈宣传一下，于是给他们每人送了一本书。但是，送书和发朋友圈并没有必然联系。

大家到底在什么情况下才会乐意发朋友圈呢？我发现，**人们最愿意在朋友圈发的，就是自己的高光时刻。**

我如何将他们的高光时刻与我的书结合在一起呢？我想到了一个好办法：做成定制腰封，将对方的名字印在腰封上，如"敬赠×ד，或者"××专属"。对于有很大影响力的人，我会定制 50 本书，在腰封上印上"××的贵宾专属"，方便他们赠送给自己的学员或粉丝。

当这些人收到带定制腰封的书后，主动发朋友的概率就大大增加了。因为这样的朋友圈会让他们的朋友们觉得："你好厉害呀，居然让作者本人专门为你定制腰封，说明你是非常有影响力的人！"

其次，降低行动难度，让别人更容易帮你。 很多时候，用户觉得你的产品和服务确实不错，可以顺便帮你宣传，支持你一下，但是如果太麻烦了，或者他们也不知道怎么介绍你的产品，那他们就不会帮你宣传。所以很多产品会高度提炼浓缩自己的产品特点，将其变成一句宣传语，朗朗上口，好记又好说。这样，当刚好有可以推荐的时刻出现时，你的客户就能够很轻松地帮你做宣传推广，效果也会更好。

最后，找到最底层的身份认同，让客户持续帮你。

在打磨萃取知识的过程中，我真实地感受到，如何通过步步深入地提炼一个个具体事情的底层逻辑，最后将其达到升华的程度。我感受到了萃取的魅力，它让知识的力量变得非常具体。我也让自己养成了一个习惯：做任何事情，都把底层逻辑萃取出来，并且主动分享给其他人。

萃取的标准

怎样才算萃取呢？第一，萃取的内容要够本质，并且有价值；第二，萃取的内容要具备很强的迁移性，能够用到其他事情上。萃取的能力，已成为新时代每个人应具备的基本能力。

本书的主题"拆商"，也是我反复打磨和萃取出来的，萃取我看待问题、定义问题、拆分问题、解决问题等每个环节背后的底层逻辑。前文说过，刻意练习是血肉，而萃取可以为我们打造钢筋铁骨。有了萃取和刻意练习，才能培养出强而高效的拆商。

萃取过程中值得注意的两个点

第一点，避免俗知俗见和说教。

建议你在每次萃取后对萃取的结果进行二次检测，看其是否可以迁移到其他地方。

俗知俗见，就是大家都知道的道理，这个不需要萃取。

即使你能够精准地萃取出来很优质的内容，也不要去教育身边的人。

第二点，把萃取"翻译"成朴实无华的语言。

萃取出来之后，还要考虑怎样把萃取的内容"翻译"成通俗易懂的语言去输出，这也是对萃取者能力的考验。

萃取有两个维度，由浅入深是一种萃取，深入浅出也是一种萃取。我有一个朋友，他刚开始做短视频的时候，一讲话就喜欢提一些比较深奥的专业概念。但在抖音等直播平台上，没人喜欢听这种深奥的东西，况且很多人也听不懂。

迭代有两个方向，一个是向高精尖、专业的方向精进，另一个是向大众的通俗方向靠拢。朋友的前老板跟他讲过一句话："做畅销书、做爆款内容的秘密，就是通俗、通俗、再通俗，永无止境。"这里既包含了语言体系，也包含了从编辑思维到编导思维的迭代，也就是整体考量声音、形象、动作、场景，要通俗、通俗、再通俗。

在短视频领域，有人曾尝试做格调高的访谈号，访谈内容给人的感觉也是高高在上。在过去的话语体系中，专家说话可能接地气，但是场景还不接地气。而在今天，可以用生活化的场景，用接地气的形式和表现方式，把我们做过的爆款内容重新做一遍。

萃取、总结，是一种可以让你上瘾的习惯。这种上瘾的习惯，对思维的提升很有帮助。

你不妨从你的人生经历中，萃取一条你最骄傲、可以迁移给其他人学习的经验。

如何让经验变得可迁移

拆商的精髓就在于：拥有解决"新"问题的能力。

从本质上来说，世界上不存在两件一模一样的事，所以没有经验是可以复制的，但很多经验是可迁移的。学习不是为了去学习，也不是为了去解决老问题，而是解决新问题。

有人认为，只有他做过的事情才是他会做的。只有别人教过自己，自己才会做。这样，遇到新的情况、新的问题、新的公司、新的同事，他就束手无策了。

不管做什么事情，我们都要具备迁移的能力，然后对新的情况进行拆解。比如，我写这本书的真正目的，并不是告诉你我过去是怎么解决问题的，而是希望你可以明白，遇到新问题，进入新的单位、组织，与新同事相处时，应该怎么做。

有人学了拆解，到了要运用时却不知道怎么去迁移，其实它的核心在于以下两点。

迁移经验，不能生搬硬套，你的经验在别人那里可能不怎么好使。行业里有一些惯性思维，大家觉得要抢占市场，一定要在这个领域做大做强，越大越好。但有些领域是规模经济，有些领域并不是规模经济。迁移不是简单套用，它需要顾及方方面面，需要系统性地去考虑问题。

比如学英语，遇到一个个词根或词缀相同的单词，你可以去迁移，用词根、词缀记住一类单词。但如果做生意，迁移的可就不是一个知识点，而是一整套做生意的体系了。迁移这个体系，意味着要去适应新事物，要把所有条件拿出来重新审视一遍。

迁移，还需要考虑适配性的问题，要考虑如何将相关的经验融入新的系统。好比一个器官，移入一个新的人体环境，就要考虑排异性的问题，这种适配性非常重要。

那么，如何让经验变得可迁移呢？

1. 找到最本源的问题

我在 2015 年备考托福时，遇到了一个很好的老师。他让我明白了一件事：如果英语听力有问题，那口语一定也有问题。从这件事情上，我萃取出了一个很重要的经验：如果在学习语言的过程中，遇到听力上的问题，追本溯源，源头就是发音问题。

接下来，在语言学习上，我把它又进行萃取。我们学习任何一种语言，要记住一个词语，有个特别好的方法，就是把这个词语和画面建立联系。

比如，今天学了一个英语单词"apple"，翻译成中文是"苹果"。很多人就会来回念叨"apple 是苹果，苹果是 apple"，最后虽然记住了这个单词的英文拼写和汉语意思，但并没有建立这个单词和苹果实物之间的联系，也就是说到"apple"，脑海里并没有画面，只有这几个字母。这样学下去，就只记住了一堆英文字母和汉字，跟其他人用英语交流时，还是磕磕巴巴，一点也不流利。

这实际上是思维方式的问题。我们要用翻译的思维，把"apple"翻译成"苹果"，再从"苹果"这两个汉字延伸到苹果的实物图片。这个思维路径很长。但用画面思维就不一样了，我一说"apple"，就能想到一个红红的、圆圆的苹果，而不是"苹果"这两个汉字。

2. 洞穿本质的知识，迁移性更强

让人觉得眼前一亮的知识，大多都能够洞穿本质。它一定不只是帮你解决某个技术层面的问题。如果只是把一个问题的答案告诉你，当时你确实会很兴奋，但时间不会持续太久。你会很容易把这个问题忘掉，更别说记住答案了。

与人沟通也是如此。请教别人问题，如果对方直接告诉你答案，你很难记得住。只有他告诉你一句揭露这个问题本质的话，给你提供切实可行的建议，才会被你牢牢记住。迁移性越强的内容，越容易被人记住。

就像做数学题一样，答案不重要，公式才是最重要的。我们萃取的过程，就是从同类的题目中萃取出公式。而迁移，就是利用这个公式，去解开生活和创业中的无数道难题。

我就是做经验迁移的典型代表，我的业务既跨界又跨境。从华人快递到二手车，从亚马逊到独立站，从独立站到海外抖音，从做知识付费的项目，到做 IP 项目。这些业务看上去没多大关系，但其底层逻辑是一样的，很多事情都可以迁移。

比如，我要干什么，我通过什么方式赚钱，怎么把这个东西卖掉，谁为我买单，买单的人从哪儿来，最开始触达的人又从哪儿来，我要不要为这些人花钱，花钱的话该花多少，每一步转化大概能转化多少人，成本有多少，转化之后，这些人能不能再复购、能不能升级消费，我有没有设置升级消费的路径，能否出现超级用户，超级用户能不能自动为我代言、转介绍，以及我需要多少人去解决业务闭环，等等。这一连串的事项都可以迁移。

不过，我认为我迁移的事项中，比较重要的是"人效比"。我在时间上追求效率，在金钱上也很追求效率。一个项目如果需要耗费大量的人力，它的效率就会很低。人效比一直是我做迁移时考虑的重中之重。

做生意的底层逻辑是相通的，都要学会算账。学会算账，就是你投入的资金、时间、人力等资源，会在多长时间内产生什么结果，这种结果后续会产生什么效应。在投入和产出的过程中，你再不断地复盘、迭代，以实现更大的收益。做生意的逻辑是可以迁移的。

3. 运用好杠杆

我在开展一个项目或生意前，会把需要的资源架构厘清。对那些我完全不能被替代的事，要提前做出对应的准备。以下四个"杠杆"，是我运用得最好的。

第一个杠杆，管理杠杆。 所谓"管理杠杆"，就是人的杠杆，我们公司会招募很多员工，让他们做一些可以替代我的事情。

第二个杠杆，工具杠杆。 小到传统的词典、翻译软件、输入法，大到新兴的 AI 工具，我一直都很关注工具的使用。我非常愿意接触各类工具。因为工具不仅可以为我节约成本、工资和时间，更重要的是，它还有两个好处。

第一，使用工具可以减少人员数量，人少了，管理成本就相应变少了。我说的这种管理成本不是钱，而是情绪上的内耗。多一个人，就要多照顾一个人的情绪。毕竟每个人都不是冷冰冰的，而是有情感、有需求的个体。团队建设、项目开展、业务的突破等，都涉及人的问题。

第二，工具可提升人力的效率，甚至在某些环节可代替人力。比如，以前我们的网站需要发布文章，我请人写，每个月只能写 80~100 篇，这已经是极限了。但如果我用 AI 工具来写文章，每天可以写 100 篇，甚至 200

篇。虽然这些文章也需要审校，但写某些类型的文章，用 AI 工具确实可以提升效率。

第三个杠杆，新媒体杠杆。短视频或直播业务，成本比较低。优质的内容可以拉取大量用户。同样的一句话，我对一个人说一遍，和我在短视频、直播上说的效果完全不一样。前者，说一遍就是一遍，但后者，如果有一万人观看，就意味着说了一万遍，能更大效率地触达他人，和他们产生连接。

第四个杠杆，资源杠杆。资源杠杆又叫关键节点人物杠杆，很可能因为这个关键节点人物的认可，帮我撬动他身边众多的资源。而这些资源中，如果再有其他关键节点人物给予认可，就能进一步撬动更多资源，让我受益良多。

这四个杠杆，不管做任何事业，都可以被迁移。

要想总结出这样可以迁移的杠杆，首先得具有杠杆思维，得知道自己的能力不止于此，要有撬动更多东西的意识。其次，在看书、听课时，有意识地总结杠杆。

我很清楚一件事：要想让自己的事业扎扎实实，能够穿越周期抵御风险，就必须做难而正确的事。难而正确，意味着这条路又长又难走。而有了这些杠杆，就可以帮助我加速。要想以同样的努力获得更多的结果，就得用杠杆。

这四个杠杆，如果对你有启发，你可以直接拿去迁移，拿去用。另外，你也可以根据我说的这几个杠杆，去寻找属于自己的杠杆。运用杠杆时，需要注意以下几点。

第一，杠杆运用要有度，任何事情都是责权利相统一的。 运用杠杆，得在一个正确的范围内保持适度，需要与你的资源和实力匹配。否则，你用了这个杠杆，可能会造成撬断、崩盘的后果。

假如我看到一只股票，不认真分析，就贸然利用杠杆大力加持，可能就会出现强行平仓的后果。完全依赖 ChatGPT，一天写出 1000 篇文章，也不现实。如果你觉得人际关系资源杠杆好用，天天请别人吃饭，别人会觉得你的目的性太强，也不合适。

第二，杠杆要用在正确的方向上。 在选择合伙人时，我最重视的就是"三观"。如果一个人"三观"正，杠杆在他的手里就会发挥出巨大的价值；否则，能力和杠杆就会成为灾难。

这就是运用杠杆时的两个注意事项，请你务必牢记在心。

迁移可以让我们更加迅速地成长。通过不断自我评估和学习新技能，我们可以更好地应对职业生涯中的挑战和变化，实现持续成长和自我完善。

迁移依赖于刻意练习和深入反思，通过不断实践、评估和调整，你可以逐步改善你的技能和工作方法。但它不仅需要我们在生活中刻意练习，也需要我们不断从实际经验中萃取关键经验和教训，并将这些经验和教训应用到新的情境中，从而实现从量变到质变的飞跃。

第七章

拆商的
系统性思维

为什么要有系统性思维

仅仅解决好一件事，或者取得阶段性的胜利，对我们的人生是远远不够的。如果没有系统性思维，就很难保住胜利成果。很多人"会聚财，不会守财"，正是因为他们没有系统性思维。

系统性思维的重要性

2017 年，自媒体迅猛发展时，很多人都很焦虑，觉得自己的知识储备不足，没法应对未知的危机，就开始看各种公众号、刷短视频，学习碎片化知识。结果，看了公众号，刷了短视频之后，更焦虑了。一开始，刷一条短视频，获取了一点有用的信息，觉得对自己有所启发，可刷多了，收集了无数碎片化的知识，却不知道如何把它们放在合适的位置，如何消化并运用起来。之所以出现这种情况，也是因为系统性思维不够。

拆解，从表面上来看，是把完整的东西分解成细小部分。但我们把问题进行拆解，目的是解决问题。而我们要解决的问题并不是单一事件，而是多事件的集合体。这些事件在一个大系统里，互相之间有着微妙的联系。因此，如果没有系统性思维，就没办法从本质、底层去理解和运用好拆商，反而会因为碎片太多而被卡住。

我不希望你把拆商理解为"小聪明"，而希望你能够意识到，拆商是一种大智慧，值得你把它作为对人生至关重要的能力去提升和培养。拆商不仅能用在学习和工作上，也可以运用到人生的每一个阶段、每一件事情上。

培养拆商，并非只是为了解决当下的难题，而是为了在未来的人生中，让拆商成为你智慧体系中最核心的基础。

我把拆商的系统性思维，总结成图 7-1。

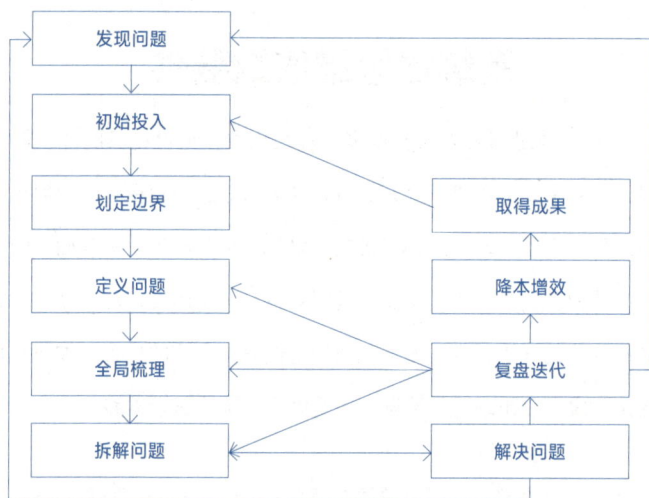

图 7-1　拆商的系统性思维

现在，我想请你再翻一下本书的目录，然回到本节内容。

你有没有发现，第七章"拆商的系统性思维"，就是将第一章至第六章梳理整合成为一个系统，也就是"拆商"的系统。如果你是一位创业者，你可以用它帮助自己建立属于事业背后的"财富回流"系统，也能非常清晰具体地感受到，创业这件事是如何从开始的投入到最后的"回流"，从而有了营业额和利润的。

梳理全局，把控趋势

趋势特别重要，趋势就是"点线面体"中的"线"。梁宁老师说过一句话："普通人勤恳努力、斤斤计较，他在意的是每一个当下的点，而任何一个点都不会产生过多的收益。如果要成为中产，至少要获得一次线性周期的收益。"

这意味着，每个人都需要有判断趋势的能力。这样，你才能或多或少地踩中一些线性增长，你的努力和付出才不会白费。

比如，有人看到了某只股票有上涨的趋势，并因此获利；同样，有人预见到房地产有上升的趋势，并从中获益。这些趋势，有的属于短期，有的则属于长期。有一些操作起来比较简单，有一些则比较复杂。目前，那种能通过短线趋势实现线性增长的投资机会，已经越来越少了。

短线机会大多数是由信息差造成的。但现在，随着互联网的发展，以及各个新兴产业的崛起，获得信息差的可能性越来越小。

如今，我们更多地依赖认知差来创造财富，与信息差相比，这一途径的门槛无疑提高了。就像张一鸣所说的，认知能力决定了一个人的核心竞争力。其他生产要素，比如资金、人力资源等都是可以通过努力构建的，但人对事物的认知才是根本性的。

在今天这个时代，只有是专业主义才能引领未来。因为只有深入的专业研究，才能让我们在特定的行业和领域有更深刻的理解和认知。

时代越发展，赚钱越难。有时候，有"两把刷子"是不够的，要有"二十把刷子"，才能凭本事赚到钱。

对趋势的判断也越来越难。它不再是一个短小型的判断，需要我们判断它的长期走势，五年的，甚至十年的趋势，这意味着你的业务布局也变长了。

说到这里，我要跟你分享一个很有意思的思维实验。很多人都看过电影《夏洛特烦恼》吧，影片中的主角夏洛是靠卖歌赚钱的。如果你是夏洛，穿越回到了1997年，你会靠什么赚钱？这可不是白日做梦，为什么夏洛靠卖歌赚钱，它的背后有很强的逻辑支撑。

你可能想通过买卖股票赚钱，但问题是你知道在那段时间哪些股票会涨吗？而且，你并没有原始资金。如果你打算投资房地产，一方面需要等待多年才能看到回报；另一方面，这也需要大量的前期投入。

你可以去做一下这个思维实验：为什么夏洛会选择卖歌，原因在于，这种方式不需要原始资本，他通过唱周杰伦或朴树的歌曲，可以迅速走红，获得流量，进而成为明星，再通过出售版权等方式盈利。无论何时，这些歌曲他都能够演唱，这或许就是他最好的赚钱策略。

这个故事对我们的启发是什么？

关于趋势增长，我们能用在未来五年、十年的资源有限，且很多收益是滞后的。为此，我们该怎么去布局，怎么分配资金，才能在五年、十年后产生效果呢？我总结了把握趋势的三种方法。

1. 找到可击穿、可迁移的能力。

现在很多公司的生命周期都比较短，有的甚至不超过两年。值得我们思考的是，要积累什么，可击穿、可迁移的能力又是什么。

可击穿的能力，就是在一个公司或平台工作时积累的能力，在下一个公司或平台依旧可以使用，而且越来越强。

不过，你一定要区分，积累的是信息、经验，还是真正的能力。能力有点像打怪升级游戏中增强的防御力和攻击力，它是可以复用的，并且会变得越来越强。

但如果只是积累信息，就好比在打游戏时给自己补"血"，只能使用一次，无法复用，更无法提升自己。回到做生意的范畴，很多人的误区就是只收集当下的信息，刷刷短视频就以为自己在学习。但是信息有时候不仅没用，还会让你增加负担。

所以，我希望你不断积累经验，并且将经验内化成自己的能力，让自己越来越强，拥有可击穿时间的底气。能力不仅仅可以用于解决当下的问题，更能够解决同一类的问题，陪伴你穿越周期。

2. 把事物拆解到最底层。

读到这里，我相信你一定已经很清楚，遇到任何问题，都发挥拆商，发现问题，准确定义问题，将问题不断拆解、拆解，再拆解，直至拆解到最底层，拆解到不能再拆解的地步，解决方法和答案就会自动浮现。所以，一定要学会拆解，一直拆解到最底层。

2018 年，国内抖音刚刚兴起，那时候我在美国，觉得抖音的内容生产形式和传播方式特别有新意，预判它肯定会大火。果然，抖音在短短几年内迅猛发展，经历了几个阶段的大增长、大爆发。

抖音的成功在国外会不会复现呢？我在大脑中萌生问号之后，针对抖音在国外的发展趋势，从底层做了几个核心拆解。

第一个核心的底层，符合人的偏好。根据加拿大传播学家马歇尔·麦克卢汉《理解媒介》中的定义，传统的书籍、报刊，叫作"冷媒介"；短视频、直播等，叫作"热媒介"。冷媒介和热媒介的区别在于，冷媒介更能激发人的主动性，促使人去思考，去分析。看到书籍、报刊中的文字，我们会想象文字描述的画面，每个人头脑里想的画面都不一样。

而相较于冷媒介，我们接触热媒介时往往没有足够的时间把接收的信息构思成画面，热媒介更多的是把信息强制灌输给我们。

我们可以看到的是，尽管冷媒介有其优势，但人们似乎更趋向于热媒介。在人类发展的过程中，人们的媒介消费习惯已经从阅读报纸，转变成了观看电视、电影和短视频。

第二个核心的底层，是信息密度的提升。我认为短视频之所以得名，是因为信息密度特别高。以前，我们看一场电影需要两小时，这中间可能包含一个泪点、五个笑点；而阅读一本书则需要一星期，无论是小说还是其他体裁，可能包含两个泪点、四个启发点，这也是一种信息密度。

短视频则不同，上一条短视频戳中我的一个笑点，我笑得前仰后合；下一条短视频又戳中我的泪点，我马上就哭了；再下一条，又给了我启发，使我觉得受益良多……我可能每隔二三十秒，就被戳中一个点，短视频的信息密度非常高。

这件事能不能在国外再来一遍？答案是肯定的。我认为符合人的偏好的事情，谁都抵抗不了，这就是底层问题。

第三个核心的底层，是我们对一件事情信息输入速度的接受程度。我们看东西的速度，从慢到快。小时候看电视剧，看 20 分钟，要播半小时广告，我就很生气，但我会忍着。现在，我的耐心越来越少，看什么东西都习惯用 1.5 倍速。

大家会发现，在短视频剪辑这件事上，所有人都倾向于提升信息密度，剪辑得更快。所以，我们对于媒体的接触程度，从慢到快，从单维到多维。以前的人听收音机在一个时间只能听一个频道；看报纸，也只能一个栏目一个栏目地看。新媒体则是多维互动的。比如，直播时你给别人点赞，手在动，有互动感，有体验感。这些使我们的感官体验从单维慢慢变成多维。

我认为这几个变化都是不可逆的。

我将这件事情拆解到底层之后，判断抖音一定会在国外市场爆火。只是相较于我们，国外用户意识到这一点比较晚。因此，我才会布局海外抖音短视频。这就是我对趋势的判断。当你通过分析现实的蛛丝马迹，把事物拆解到最底层，趋势往往就呈现出来了。

拆解到事情的最底层，不仅可以解决问题，还有助于我们做出对未来的预判，拥有超强的判断力。

3. 不放过每一条线索。

对趋势的判断，不能完全凭空想象，历史总会留下些许痕迹。只是此时此刻此景，同样的事情又再次发生了。

有些事物的发展呈现周期性规律，是会循环往复的。我们都能从过去找到一些线索，借以判断当下的需求，因为有些东西，虽然所处的时代不同、情况不同，但本质是一样的。

比如，在做短视频这件事上，爆款一定是重复的。因为大部分短视频平台的流量推送逻辑，都会考量一个非常重要的数据：用户的停留时长，尤其是前几秒。所以，所有创作者都想方设法在开头的"黄金3秒"吸引用户停留。经过上亿条短视频的测试，我们可以在类似抖音这样的平台上找到很多爆款内容。如果我们参考这些爆款去拆解文案、拍摄场景、拍摄手法以及剪辑技巧等，那么相较于盲目摸索，我们的视频流量很可能表现更佳。

你不妨基于人性、需求和周期这三个要素，运用拆商，预测一下你身边可能看到的一个小趋势。

拆商系统性思维的基石：规则、底线、三观

规则、底线、三观是形成拆商系统性思维的基石。有了基石，你更容易长期持有各方面的胜利成果，并且穿越周期。

我创业多次，在找合伙人这件事上曾踩过很多"坑"。因为三观不合，尤其是价值观不合，也得到很多血和泪的教训。

后来，不管是在事业中还是在生活中，我都时时坚守着自己的三观和底线，并且用同样的标准筛选自己的伙伴。

很多人问我，什么是价值观？我会挑选什么样价值观的人合作？在我看来，价值观是每一件事在心中的价值排序。对有些人而言，赚钱是第一位的，但在我看来，赚钱固然重要，但必须有底线，不能通过损人利己赚钱。我只赚双赢的钱，这样才能长远。

我坚持双赢的背后，是一种敬畏感。这种敬畏感是在我们长期的生活和工作中逐渐形成的，它往往是无意识的，但却与这个世界的运行规律相契

合。不管是从商还是交友，我都保持着敬畏感。

敬畏感，或者说敬畏之心，只有少部分来自我们眼睛所看到和身体所感知的，更大一部分则来自我们感知不到的抽象事物。例如，你给别人的第一印象如何，这个往往是你无法求证的。

有些事情虽然无法求证，却可能在背后起很大的作用，可能让我们获得机会，也可能在无形中让我们失去很多机会。所以我会时刻保持敬畏之心，尽量在每个方面都做得更好，而不是因为他人的评判、监督，我才努力精进。在别人看不到的时候，更需要做好自己。

有的人为了追求赚钱的速度，会舍弃其他东西，比如产品的质量、服务的标准、信息的真实性，等等。还有一些人会选择做难而正确的双赢的事，也许赚钱的速度看起来比较慢，但基础非常扎实。他们并不会将赚钱的快慢作为自己最重要的标准，而是赚每一分钱时都坚持自己的底线。

这种底线，包括道德层面的底线以及法律层面的底线。法律是道德的最低底线。

在系统性思维中，三观尤为重要。三观正确，才能把事干好。

规则、底线和三观，三者都具有主观性，其中底线是最需要明确界定的。规则是三观的体现，底线是三观的容忍下限。

每个人的三观、底线不一样，每个公司、每个人的做事规则也不一样。只要你在自己商业运行的世界里，逻辑自洽、合法合规就行。

关于建立系统性思维的基石，我认为有三个要点。

第一个要点，无论是找伴侣、朋友还是事业伙伴，一定要找底线高的人。

2014 年，我和一位朋友在成都逛街，突然看到地上有钱。我把钱捡起来，而他却说："你捡它干什么？这是别人的钱，你别捡！"

这个细节体现了朋友在金钱方面的底线，我永远不会担心他坑骗我。因为地上有钱他都不捡，这种完全利己不损害他人的事情他都不干，就更不会去做损人利己的事了。所以，他一定不会为了利益伤害我。

第二个要点，信用很贵，请不要随便承诺。

我心中最佩服的一个男人，就是我的爸爸。他只说了一个字，就用 20 年的时间去实现。

我上小学时，有一次看到爸爸在家里抽烟，我闻着烟味很难受，说："爸爸，你能不能不抽烟了？"他回答："好。"就这一个字，从他说完之后，到现在 20 多年，他真的一根烟都没有抽过。他这么多年来一直践行答应我的事。

受爸爸的影响，我一直要求自己做一个守信用的人，我也非常欣赏守信用的人。如果做不到，就客观地阐述问题，提前排除潜在的问题，做好预防和备案。

第三个要点，拥有属于自己的框架。

不知道你有没有发现，就算你希望有自己的规则、底线和三观，有时候也很容易被其他人的言论带偏，或者在有人尝试说服你时被对方的逻辑影响，不知不觉突破了自己的原则和底线。

这是因为对方有自己的框架，而你还没有形成自己的框架。所以你们在一起交流时，你会不知不觉地被对方带到他的框架中。一个好的销售员，一定具备自己的框架，并且擅长将对方带入自己的框架。

比如，你在逛名表店时看上了一块手表，但是因为价格昂贵而犹豫不决。这时一位销售员告诉你："别看这块手表价格昂贵，但它却值得拥有。它不仅能彰显您的尊贵身份，更重要的是，它具有增值潜力！如果有一天您需要变现，直接出售这块手表，不仅不会亏，反而可能赚钱呢！"

你转念一想，如果买下这块手表，不仅能提升自己的品位，还能赚到钱！于是，就算你发现自己的钱不够，也会想办法，也许你会把留给爸妈养老的钱或供孩子读书的钱暂时拿出来买下这块表。结果后来发现，这块表在二手市场并没有你想象的那么值钱，而你的这个决定影响了你的家庭生活和情感和谐，把你的生活搞得一团糟。

这个例子很典型，这个销售员有很强的框架：保值。只要他将你拉到他的框架里，你就很容易被说服。但是，如果你拥有自己的框架，就不那么容易被说服了。

比如，你的框架是"不管我怎么花钱，永远不会动留给父母养老的钱和供孩子读书的钱"。不管对方再怎么说得天花乱坠，你也不会花超出自己这个边界的钱去买这块手表。在这里，我相信你能清晰地感受到，三观、底线和原则，就是构成你自己框架的"钢筋铁骨"。

拥有清晰的框架，你就不那么容易被别人牵着鼻子走，而可以拥有独立思考和判断的能力。这是我希望你在建立属于自己的系统性思维时首先拥有的重要基础。

我希望你能建立属于自己的框架。不妨想想，在这个框架里，你会有什么样的底线、什么样的三观，会给自己的人生制定什么样的基本规则？

拆商的三大系统

拥有时间投资系统，对时间更有掌控感

我是一个喜欢"偷"时间的人，时间就是我的生命。拥有拆商的系统性思维，可以让你成为像我一样"偷"时间的人。

在这件事情上，我主要经历了以下几个阶段。

第一个阶段：做了无数个计划却执行不下来。初中时，为了提升自己的学习成绩，我经常给自己做计划。但是，这些计划不仅没有让我越来越好，反而让我越来越焦虑。因为我的计划太完美了（比如每天背 100 个单词），却没有办法坚持下来。有一天没执行，后面的也没办法继续执行了。我的自信因此被摧毁，我觉得自己很糟糕，每天很焦虑，更难以静下心来好好学习。

第二个阶段：初步尝试高效的时间管理。大学时我很贪玩，想利用业余时间赚点生活费，还想谈恋爱，还有学生会的事情要忙，没事还想出去逛一

逛，留给学习的时间少之又少。但我又觉得我学的东西很有用，我学的是法学专业。民法、刑法等都是我很喜欢的学科，我必须在有限的时间里学出点名堂来。所以，我开始有意识地提高自己的学习效率。现在回顾我的整个大学生涯，我只用了 10%~20% 的时间学习，但成绩一直名列前茅，每次考试，只要是专业课，我得分都特别高。

我提升学习效率的核心窍门，叫作"理解内化"。因为我的记性非常不好，背连篇累牍的法条，没办法靠记忆力背下来，学习效率会非常低，吃力不讨好。但我理解了每个法条背后的核心逻辑，并将其内化为思维和判断力之后，不需要背也一样可以记住。

我是这样做的：每看一个法条，我都会问："立法者为什么要设这个法条？他在保护谁？他在预防什么？是不是之前有什么案件发生，才会出这个法条？"

通过问这些问题，我发现法律法规就特别容易理解了，自己仿佛变身立法者，立法的目的是保护别人。

经过这么拆解，我立刻理解了立法者的意图。再做题的时候，我会把自己带入立法者的视角，发现解题特别顺畅。视角变了，吸收知识也特别快。我学每一门法律课掌握得都非常快，效果也好。我就是从那个时候开始，成为一个"偷"时间的人，让自己切换视角，深度理解要学的内容。

第三个阶段：创业阶段升级时间杠杆。谋定而后动，先动脑再动手。接下

来，我具体聊一聊自己提升效率的过程。

很多人会觉得，精力和时间应该用于在固定的时间做固定的事情，但这样做会严重束缚你。优秀的时间管理者，一定不会用时间来框住一件事，他们不会先设定好时间，再根据这个时间来安排事情。

用时间框住事情，是一个低层次的设计。优秀的时间管理者，懂得调配自己的时间，把精力和时间放在重要的事情上，知道自己的时间应该花在哪里。以事情的重要性为标准来分配时间，而不是先设定时间，再安排事情。为了重要的事情，他们甚至可以集中精力，打一场持续一两天的通宵战。

对事件重要程度掌握得越好，操作空间就越大，弹性就会越强。我们要养成弹性的时间观念，而不是像机器一样机械地分工。

你就像一根皮筋，弹性越强，就越能收放自如，而且不会伤到自己，我们就应该保持这样的状态。时间管理的前提是个人能力，以及了解具体事件需要耗费的精力和时间。对时间的感知，背后是对能力的评估以及对工作量的评估。有些人错估了自己的能力，有些人错估了工作量。比如准备一个项目报告，以为只要写 2 页，结果写了 20 页，这就是没有评估好工作量。

你需要把相应的时间要做什么，进行细化和拆解。如果拆解之后，发现工作量太大，熬几个通宵都干不完，一定要跟其他利益相关方提前沟通。要么把别的事情往后排一排，要么把约定的时间往后推一推。

在时间方面，我很重视**最后期限**，说到做到，绝不拖延。我的一家公司，甚至以"戴德蓝"（最后期限的英文 deadline 的谐音）命名。

最后期限，也叫"最晚完成时间"。我以前对这个概念很模糊，觉得答应的事情要做到，但是对最晚的时间没有清晰的认知。

最早对这个概念的感知，是同学找我借钱。他找我借 50 元钱，说下星期一还给我，可到了下星期一他并没有还给我。这个时候，感觉最不好的人是我。可能很多人都遇到过类似的烦恼，这不是借多少钱的问题，而是自己的底线被突破了。

我对最后期限形成特别强烈的感知，是我在美国读书的时候。如果教授布置的论文截止提交的时间是本周日晚上 23:59，那么，就算我只晚了 1 分钟，也就是到了周一的 00:00，他都不会再看，直接按照没有提交来处理。

有一次，我确实有特殊情况，紧赶慢赶，还是晚了 2 分钟，00:01 才提交。结果，我那次的得分是 0 分。

我写了一封很长的邮件和教授解释，告诉他我因为生病去医院所以耽误了，能不能谅解一下。教授回复我："你不需要解释，迟交是因为你没有把时间和要做的事情规划好。既然你已经做出了这样的安排，那就必须承担相应的后果，这个后果不能推给别人去承担，这就是最后期限的意义所在。"

我无法反驳，只能坦然接受。

后来，我发现，在大环境下，大家都很尊重最后期限。虽然一开始我不适应，也不理解，觉得没有人情味，后来我也接受了它。如果互相都遵守最后期限，那么所有人都会有安全感。我感受到一种很强烈的力量，就是规则、公平和安全感。

所以从那时开始，我非常重视最后期限。它给我带来了很好的影响，助力我养成了良好的习惯。当我承诺完成什么，在什么时间完成，就一定会按照这个去做，不考虑特殊情况。不过，我也会预留一点时间，为自己提升抗风险性。也许会有一些我无法预测的事情发生，我要给自己预留充足且有效的时间和精力，来保障事情在最后期限前完成。

磨刀不误砍柴工，在做事之前，我们一定要先在头脑中将事情"做"一遍。而很多人接到任务就直接开始做，效率却非常低下。所以，想要提升效率，**每一件事都要"做"三遍**。

第一遍：在做事情之前，将它在脑子里拆解并过一遍，找出卡点。

第二遍：真实地去做一遍。

第三遍：做完后完整地复盘一遍。

打个简单的比方，炒菜看起来很复杂，又要买菜、洗菜、掌握火候、添加调料……但如果我们在做菜之前，先想好需要做什么菜品，在头脑中拆解一下要准备哪些食材、加工的步骤等，并且将这些步骤再拆解，提前做好准备，那么到真正炒菜时就不会手忙脚乱了。菜做好了，品尝过后，再来复盘：这道菜是否达到了自己预期的味道？有哪些不足之处？是盐放少了还是糖不够？或者是火候掌握得不到位？通过复盘，找出你 80% 做得好的地方和 20% 做得不到位的地方，下次再炒菜时，你就很有可能会在 80 分的基础上，再提高 10 分，从而越做越好。

坚持这样做，我相信你做菜会越来越好吃，并且越来越高效。所以，真正要提高效率，就要把一件事情"做"三遍。如果你不明白它背后的逻辑，会觉得一件事做三遍真是浪费时间。但是仔细想想，第一遍和第三遍都是在脑海里进行的。如果你已经养成了这样的习惯，它甚至可以在几分钟之内完成。而如果不这样做，要想达到同样好的效果，可能真的需要切切实实地做三遍，反而更浪费时间。

我想送你一句话：如果你想拥有一个"偷"时间的杠杆，那就学会坚决执行最后期限，凡事"做"三遍。

请你把最近要做的重要事情，按照我说的方式"做"三遍，先从接下来要做的最重要的一件事情开始，切身感受一下。

拥有财富回流系统，对财富更有掌控感

拥有财富回流系统的人，有两大特点。

第一，每花出一分钱，都清楚地知道这笔钱将会经过多少路径，最后带着更多的财富回流到自己的口袋。 如果你没有系统性思维，会觉得花钱就是花钱，赚钱就是赚钱。想不明白花出去的钱可以再回来的道理。

第二，花钱的时候，知道这笔钱花到什么程度了，进度条到哪里了，什么时候会增长回来。 有系统性思维的人心态都很稳，知道自己是处于继续花钱还是该回流的阶段，因为他知道他的进度条到哪里了。

我的员工对我的评价是：笛总有时候特别大方，有时候却很抠。因此他们不知道我到底是个大方的老板，还是个抠门的老板。比如，我对有贡献的员工很大方，发奖金的比例很高，同是公司的员工，收入差最高能到 30 倍；但我会因为最后一个下班回家的员工忘记关灯而严肃地批评他。这些现象的背后都有底层逻辑。如果我大方，一定是因为我认为花出去的钱会回流。相反，当我觉得这个钱是纯消费，不会再回来时，就会花得很慎重。

很多人容易出现一个认知误区，认为有钱人一定大方。这种观点是比较片面的，因为有钱人大概率不可能一味大方、不计较财富的缩水。有钱人之所以能赚到钱（这里暂且排除富二代或者中大奖等情况），是因为他们对金钱和财富有着强烈的感知。越是懂得赚钱的人，越了解钱的流向是怎样的。所谓大方，人概只是因为他们对钱的"回流"路线了如指掌，所以在花钱的时候才会"挥金如土"。

但是，从另一个维度来看，越是有钱的人，有时候在一些纯消费的地方越计较。如果需要打印，去楼下打印店打印一张要 5 角，而公司买个打印机，核算下来打印一张才 5 分钱，那他肯定会为公司买打印机。再比如现在要打印 1000 张纸，楼下打印店 5 角一张，淘宝店 4 角一张，还可以打印好了寄过来，要不是有什么急事，那他一定会选择在淘宝店打印。

睿智的、能够赚到钱的创业者，一定懂得降本增效。降本，就是减掉一切没有必要、不会回流的开支。如果不降本，企业利润就会悄悄溜走，那么你永远不可能成为一个真正的有钱人。

再来说钱回流的问题，我们把钱投入在一件事情上，经过一系列流程，它又回来了，创业在本质上就是这样。比如，我们花钱购买产品，租赁场地，招聘员工，做短视频，用户购买，我方发货、产生物流成本，用户确认收货，回款，这就是财富回流的过程。

厉害的人能够看到并且掌握钱是怎么花出去的，又是怎么回流的，而很多人看不到这个循环。

那么如何评估你花的钱到底会不会"回流"呢？主要依据以下四点。

第一，判断所购物品能不能增值。这是非常简单直接的逻辑。比如，同样是买奢侈品，你买一双名牌鞋子和买一个名牌包，就有很大的差别。鞋子大概率不能增值，尤其是穿过的；但是包，可能会根据它的稀有程度而增值。

第二，判断花这笔钱后，对你的无形资产有没有帮助。无形资产，包括你的人际关系网络、资源等。无形资产最后都会变成有形资产。你要判断花钱对你的无形资产是否有帮助。如果有帮助，就有了回流的前提，这是可以估算出来的。比如影响力、各项荣誉、认证、背书、私域等。

第三，判断花这笔钱后对自我提升有没有帮助。在自我提升方面花的钱，永远都是正向的。自我提升包含你的形象、气质、谈吐、声音的提升，你的认知、你对事情的判断、你清晰敏锐的头脑、你的情商、智商、拆商等方面的提升。

第四，判断花这笔钱后的投入产出比和进度条。投入和产出之间，有的链路很短，有的链路很长。如果你对每件事情的投入产出路径有清晰的认知，就能知道这件事的进度条在哪里，就不会为此焦虑了。

花钱应该像创业一样，考虑投入产出比，而不是把它纯粹当作一件花钱的事。要把花钱变成赚钱，底层逻辑是树立正确的财富观，考虑到虚拟的资产，从整体财富的角度，去看待钱的问题。

此外，我们还要注意以下几点。

首先，对有钱人来说，性价比不一定有吸引力。

产品的背后有三大价值：使用价值、情绪价值和资产价值。比如某些奢侈品牌包就同时拥有这三种价值，它的使用价值是可以拿来装东西；它的情绪价值是提供身份的象征、有钱人的象征，拥有它能被别人羡慕；它的资产价值就是升值。但是这样的产品并不具备性价比。

如果你想送朋友礼物，这位朋友非常有钱、有地位，你也可以用这个思维方式来做选择。给有钱人送礼物，一定不能送性价比高的，相反，性价比越低越好。比如，你送一个 2000 元的手机，这个手机的性价比非常高。但在有钱人眼里，这就是个"电子垃圾"。如果你花 2000 元买一副扑克牌或一个打火机，也就是说日常只需 2 元就能买到的东西，你却愿意花 1000 倍的价格去买，虽然性价比非常非常低，但在有钱人眼里，就会认为这是个不错的礼物。

其次，将财富回流的步骤拆解出来。

我有个朋友是非常优秀的保险人。有一天，她决定花掉自己的所有钱去买一辆保时捷，然后她做了两件事。

第一，她有意识地去和保时捷的销售员建立密切联系。因为保时捷销售员的朋友圈、微信通讯录里，全是高净值客户。

第二，她会问销售员什么时候搞车友会、搞活动，有没有群，有没有比较不错的人能介绍给她认识。通过和销售员建立密切联系，她认识了很多保时捷车主。这些车主有一些被她发展成了客户。后来，和她密切联系的保时捷销售员也被她挖走了。这位销售员为她拓展了很多新客户，成了她们公司的销冠。

她买保时捷，不是消费，而是投资，保时捷是她接触高净值用户的入场券。一举多得，既搞定了销售员，又搞定了客户，还享受到了高品质的生活。

在买保时捷之前，她就已经构思好了后续的每一步，这也是拆商的一种体现。如何拆解这些步骤呢？她做了如下解说。

第一步，我买保时捷，除了可以使用和彰显自己的身份，还能达成什么目的？它和我达成这些目的有什么联系？需要几个步骤？还有没有别的方式可以替代它？

第二步，要实现我的目的，能为我提供帮助的关键人物是谁？我去看车时，要了解那个销售员能不能帮到我，如果他能帮到我，就继续和他谈；不能帮到我，我就换一个销售员，或者换一家车行。

我考虑的因素有：这个销售员能帮我介绍多少人？他有没有车友会？多长时间举办一次？车主参会的概率是多少？车主大致画像是什么样的？与我的客户群画像是否匹配？

第三步，如果这个销售员能帮我接触我想认识的人，认识他们后我该如何让他们觉得我是个可靠的人？从与他们相识到让他们成为我的客户之间，又有几个步骤？

她在买保时捷之前，就已经想好了钱的回流步骤，以及要经历多长时间，能回流多少钱。

她压根儿没有纠结过这辆车的性价比高不高，而是在更高的维度去拆解如何让花出去的钱顺利回流，并且带回更多的财富。相比其他同事每天给陌生人打电话，一心想榨干自己的亲戚朋友来说，她站在更高的维度让自己获得了更多高净值客户，不仅容易成交，而且每一个订单的金额都非常高，一单顶十单。

我们在和别人竞争的时候，很容易想当然地与他们在同一个维度竞争，这样做的结果就是内卷。但如果你用拆解的思维去看待这个问题，你可以让自己升维，跳出被挤得"头破血流"的环境，让自己以更高效、更优雅的方式，获取更好的结果。这就叫"降维打击"。

最后，将无形的财富"滚雪球"。

在做这些事情的过程中，除了能让金钱直接回流，还会积累很多无形的财富，如信用、品牌、影响力、私域资产、案例背书、人际关系等。这些无形的财富甚至比直接获取金钱更重要。

举例来说，同样是长江商学院的学员，花了几十万元的学费，有人因此获取了很多资源，做成了很多业务，赚了很多钱；而有人只是听了课，没有为自己积累无形的财富。因为在去之前，他们没有想好自己靠什么吸引别人，该如何拆解对应的步骤和细节。

当你将这些无形的财富聚集起来后，你会发现，案例、人际关系网络、影响力等要素相辅相成，就像滚雪球一样形成正向循环。其实我们做个人IP

就是这样的过程，不断叠加自己的无形资产，像滚雪球一样滚起来，有形的资产自然就会来到你的手中。

我想送给你一句话：**不要仅仅将看得见的钱当作你拥有的财富**。你真正的财富不一定都以金钱的形式表现出来，它们可能是无形的、有形的、直接的、间接的，当下的和长期的。

不妨思考一下，你能否拆解出自己之前的财富回流步骤呢？

拥有人生管理系统，对人生更有掌控感

规划自己的人生时，不能仅仅在某一个点上思考问题，这样很容易提前透支自己的资源。

一个人再努力，也都只是在"点"的维度艰难地前行。如果能选择一条好的"线"，比如对赛道、公司、投资等的选择，你的收益都会按照线性的趋势增长，会快很多。而对整个行业、市场的选择就是"面"，你需要对整体趋势有所了解与把控能力，例如我们经常说"朝阳产业""夕阳产业"，其次就是在判断自己该如何将自己选择的线附着在正确的"面"上。最后，就是"体"。"体"可以理解为经济体，是一个更高的维度。

点和线是内部，面和体是外部。同时顾及点、线、面、体的思维方式，就是一种系统性思维。当你拥有拆商的系统性思维后，就能拥有一个丰富立体的人生管理系统，因为在遇到问题和做决策时，你一定会从点、线、面、体四个维度去思考。这时，你会发现自己已经有了明确的路径和实现方法去达成第一次系统性的成功。但只做到这样是远远不够的。在你的人生中，不止遇到一件事，也不止有一项事业要去经营。短暂的成功和胜利并不代表你可以保住胜利成果，也不代表你可以在下一次的创业中取得成功。穿越周期，才是我们需要更加注重的努力方向。

所以，取得阶段性的成果和胜利时，你可以开心、可以庆祝，但这时千万不要骄傲。一旦骄傲，你就会忘记要为自己建立更大的系统，从而很难穿越周期。

"顺境居安思危，逆境乘风破浪"，这是我创业多年以来，时时告诫、提醒自己的很重要的一句话。

我创业多年，做了很多项目。我经历过快速增长，也遭遇过几次从高峰跌落。但是，这些遭遇没有把我打趴下。每一次获得成就时，我都会做两件事：第一，考虑这件事未来会遇到的问题和风险，并提前布局；第二，考虑当下应该布局的其他业务基础，为自己的第二、第三增长曲线做准备。

每当遇到危机时，我都能找到度过危机的办法，力挽狂澜。这不是因为我处理危机的能力有多强，而是因为我的系统性思维会让我不自觉地居安思危，时刻保持对风险的敏感度和对机会的饥饿感，让我不断为自己做其他布局，建立自己的壁垒。这就像存钱，我一直踏踏实实地"存钱"，所以当危机发生时，我就有了很多可以花的"钱"作为应对危机的资本。

用系统性思维，提升自己的预测能力

很多人都喜欢看穿越剧，因为想拥有预判未来的能力。我也非常希望自己有这样的特异功能，于是，我就想了个办法来提升我的预测能力。

当我预判一件事情，小到个人，大到社会、国家，甚至全世界各种重要事件时，我都会将它记录在电子日历上。不管是什么类型的事情，是否与我相关，我都会将我的判断记录下来。比如，我的闺蜜××谈恋爱了，我看到她的男朋友后，预感他们在一年之内会分手，我就会打开自己的电子日历，在明年今日的那一栏，写上"××在这个时候一定会和男朋友分手"。等到了那一天，我会验证一下自己的判断。如果判断准了，是什么原因；如果错了，就复盘问题出在哪里，我有没有可能提前通过收集信息，或者对底层逻辑的拆解来修正。

也许这件事看起来很无聊，但这是我的一个习惯，我会习惯性地去预测每一件事。如果我觉得自己无法准确地预测，我就会下意识地让自己收集重要的相关信息，辅助自己做判断。久而久之，我发现，不管是对生活、事业，还是对别的事，我的预测能力越来越强，并且能够熟练地将它运用到我之后的事业中。

后来，我在美国开了自己的华人快递，也在电子日历上写下："半年内，单月收入至少要达到 1 万美元"。半年后，我也确实达到了这样的成绩。在这半年内，我的心中一直有着这个隐形目标，它让我在潜意识中调动自己的注意力，努力完成能促进目标实现的每一个要素。这半年的每一天，我都有着明确的目标和超强的动力。

此后，不管是做短期预判，还是做长期预判，我都会写下来。这种预判既带有趣味性，又有科学性。其中蕴含了对事物发展规律的推测，这种推测是根据以往的经验得来的。同时，这种做法还有助于系统性思维的形成，有些事物的发展是带有周期性的，周期性事件对从整体上把控业务的发展来说，是非常好的练习对象。通过预判，再通过对比、分析、研究、规划，我们可以不断提升系统性思维的意识和水平。

所有的系统性思维，都是从预判开始的。只要你敢预判，就可以逐步形成系统性思维，而且可以验证并提高预判的准确度。预判一件事情的准确率很高，意味着系统性思维很强。系统性思维是拆商练习的终极目标，练习系统性思维的最好方式就是预判。

我希望你可以从今天开始，慢慢练习，最终形成系统性思维。你也可以尝试在进行阶段性复盘时加入系统性思维的方法，慢慢用系统性思维去思考问题。

现在，你不妨立刻预判一件事，将它记下来，定好日期提醒。到预定时间时，看看自己是否预判到位了。这件事非常值得去做，就算是个小问题也可以。

拆商让你对人生更有话语权

我相信你和我一样，认为赚钱并不是人生的终极目标，还有很多比赚钱更重要的事情，比如掌握对自己人生的话语权。

在我的家庭中，我曾经是没有话语权的。不管是家里需要置办什么物品，还是春节能不能去三亚度假，都不该由我提议，更不该由我来做决定。因为论财富，我的父亲更有话语权，理所当然由他分配家里的钱，购置他认为应该购置的东西；论时间分配，我的母亲拥有各种资格证书，精通理财和时间管理，理所当然由她来安排全家人的时间。

在这种环境下，我没有"资格"论证我的观点是否正确，因为我没有和父母在同一个谈判桌上讨论问题的条件。单纯地讨论对错是行不通的。

后来，我去美国留学、创业、置办自己的海外资产，并且拥有了自己的团队。有一次，我给父母买了机票，让他们到美国旅行。因为他们不懂英语，所以我全程带着他们，负责他们的所有生活起居，他们非常愿意听我的安排，任何事都和我商量，所有决策也理所当然由我来做。

从那时起，我意识到，如果想拥有对自己人生的话语权，一个非常重要的前提就是，建立属于自己的系统，有一套属于自己的、完整的运行逻辑，并且自洽。**自洽，是拆商系统性思维最重要的检测标准。**每个人的风格、逻辑也许有很大差别，但无论什么风格，只要你能够自洽，就能让自己的系统正常地运行起来，你身边的人就会了解并遵循你的逻辑，与你相处。

这就是为什么厉害的人，即使脾气很古怪，也会有很多人愿意去适应他的风格，并接近他。在他的体系下，他是制定规则的人，是对这个规则最熟悉、最了解的人，对这个规则有充分的话语权。

由此可见，如果你希望获得自己人生的话语权，建立一个自洽的系统就是必要的前提。我们从小到大玩过上百种游戏，不管是卡牌游戏还是电子游戏，每一个游戏都一定会有一套规则。只要游戏规则自洽，游戏就会吸引到玩家，并且传播开来。如果你制定的游戏规则不仅自洽，还充满趣味和挑战，就一定会有一大群用户追随你。

可以把创业比作游戏，它们的底层逻辑是相通的。商业逻辑自洽，再加上产品包装精美，你就会拥有一大批追随者，那些追随你的人，一部分是员工，他们让你越来越强大，另一部分是客户，他们让你有源源不断的收入。

学会这些后，我相信你可以将拆商融入自己的思维系统中，就算面对新问题，你也有从容解决它的能力。

黄金十步

整个拆商的逻辑脉络

恭喜你，已经来到了本章的最后一节。现在，我想带着你一起，复习拆商的逻辑脉络，帮你建立属于你自己的、自洽的系统。对图 7-1 所示的拆商的系统性思维，为了方便你回忆，我把它称为"黄金十步"。

第一步，发现问题。发现问题的敏感度很重要，很多人不会解决问题，是因为没有发现问题。这个问题也许是怎么赚钱；也许是找什么样的工作；也许是在自己的生活中，在没有被满足的需求里发现的商机。各种赚钱机会的发现，都是从发现问题开始的。

第二步，初始投入。明确解决这个问题可以投入的成本，包括时间、精力、资金及其他资源。在发现问题后，先评估问题：我愿意为解决这个问题付出怎样的代价？超过怎样的程度我就不能承受了？比如创业，你要投入资金、时间、精力以及身边所有的人际关系资源；找工作、晋升，你要投入资金、时间、精力去学习和提升。如果付出的成本在你可接受的范围内，就可以继续去做。

第三步，划定边界。也就是三观和底线问题。我们做任何事情，无论是赚钱、获得荣誉和认可等，都要在边界之内行动。首先不能触犯法律法规，其次不要损人利己。如果你能实现双赢，你会源源不断地遇到贵人，获得更多支撑。

第四步，定义问题。我们经常会错误地定义问题，只看到表面问题，没有挖掘出真问题。一旦错误地定义问题，会导致即使想出 100 种应对方法都不能真正解决问题，还会浪费时间、精力。而我们在错误的问题上走远了，不仅会让自信心受到打击，还会错过最佳时机，甚至把原本能赚钱的机会硬生生变成亏钱的陷阱，想从头再来，时机已不再有。所以，定义问题是非常重要的前提。如果定义错了，就没办法继续往前走。

第五步，全局梳理。定义好了问题，不要立即行动，要先对问题做全局梳理：我要解决的问题是什么？目标是什么？等等。以终为始，往前倒推，了解自己会经历多少个阶段，并且为每一个阶段设定一个阶段性的目标。然后，对阶段性的目标进行拆解，看看需要投入多少时间、精力、资金、人际关系资源，需要解决哪些阶段性问题等。设定全局的进度条，看看中间最需要克服的问题是什么，目标与自己当下的实力是否匹配。如果不匹配，要么修改目标，要么增强自己的实力。

第六步，拆解问题。梳理完问题，就该拆解问题了。将问题一直拆解到最小单元，拆解到不能再拆解的地步，才算拆解完。这时你会发现，拆解到最后，大问题就变成了一个个非常简单、谁都能处理的小问题。

比如，你想实现 3 个月之内拥有 10 万粉丝的目标，就要拆解以下问题。

从时间分配上拆解：每个月要做什么？每周要做什么？每天要做什么？甚至每小时要做什么？

从工作内容上拆解：每天需要涨多少粉？通过涨粉量倒推，每天至少要获取多少流量？需要发布多少条短视频？准备多少个选题？写多少个脚本？直播多长时间？等等。

从团队协作上拆解：准备选题的人有几个？拍摄的人有几个？剪辑的人有几个？运营的人有几个？私域流量承接与转化的人有几个？等等。

只要你想拆解，你就可以拆解得特别细致，然后将拆解出来的问题各个击破。当你拆解到足够细致时，你会发现，即使是一个很大的问题，也会变得越来越具体，越来越好下手了，你也就越来越不用担心这件事的成败。

问题拆解得不够具体，你就会很焦虑。如果问题拆解得足够具体，解决起来就非常容易，比如找工作，即使是应届毕业生，没什么工作经验，也能轻松解决。所以我很喜欢说一句话：焦虑的反义词是具体。当你将问题拆解得足够具体时，你就不会焦虑了，只会恨自己的时间不够多。

第七步，解决问题。拆解问题的目的，是要解决它们，这是拆商能带来的实实在在的意义。通过针对性的措施和方法，把问题解决，这个系统就完成了一个内部的小循环。

第八步，复盘迭代。解决完问题，一定不要忘了复盘。复盘一次，就像把事情再做一遍一样，甚至效果更好。复盘，可以让你用旁观者的视角审视这件事情的进程，对之前的解决办法做好查漏补缺。把做对了什么，做错了什么都清清楚楚地找出来。

迭代就是多次积累，多次复盘后，量变引起质变的结果。迭代不是短时间内可以实现的，它需要至少完成一个阶段的努力。比如，我要求自己 3 个月完成一次迭代，已经是非常严格的要求了。

第九步，降本增效。不断地复盘、迭代，会使我们的实力越来越强。也许有些业务我们第一次做的时候需要一个月；第二次做，只需要半个月；第五次可能就只需要一周时间。这就是在降本增效。

第十步，取得成果。我们会在这个过程中不断取得对应的成果。在复盘、迭代的过程中，我们很可能会发现新问题。这时，可以从第一步开始再做一遍，比如投入、设定边界、定义问题等，这是在形成属于自己的拆商系统后，不断循环优化的过程。

我们取得的成果，有可能是企业的无形资产，也可能是企业的竞争壁垒。我们还要把这些成果（如资金、资源等）再投入整个系统。我们的资金会越来越充足，系统也会越来越强，就像建造管道系统，不断加粗管子，通过管子流动的资源会越来越多，产出也会越来越多，成果也就显而易见了。

拆商的系统性思维的运用——
我的创业历程

接下来，我用我的创业历程作为例子，分析我是如何运用拆商的系统性思维的。

发现问题：我自己的需求没得到满足，
背后一定有问题！

2016 年年初，刚到美国读研究生的第二天，我去奥特莱斯买了很多衣服和生活用品。其中，我选了两条牛仔裤，准备邮寄回国送给我的父亲。但到了邮局，高昂的邮费吓退了我：最便宜的一种邮寄方式也要 188 美元，而我买这两条牛仔裤一共才花了 80 美元。

我没有邮寄。可在这之后，我心里一直不舒服。我的敏感度告诉我，这背后一定有我不知道的信息。因为我明明记得，以前逛淘宝的时候，很多店铺和商品上都写着"美国代购直邮"。如果邮费这么贵，那些代购怎么可能去买几十美元的化妆品再包邮寄给国内的卖家？这不符合商业逻辑。

于是我打开手机淘宝，专门搜索"美国代购直邮"，找卖口红之类小商品的商家，开始和他们聊："你们家的商品是美国直邮吗？""是的，亲""你骗人！我听说美国的邮费很贵，比口红贵多了！怎么可能直邮？"对方解释："我们不是用美国本土的快递，我们选择的是华人快递，价格很便宜的。"我突然听到了一个从未听说过的名词——华人快递。原来还有华人快递！于是我追问："你在哪个城市？"对方回答："纽约。"

我马上打开谷歌，搜索"华人快递"。当我看到华人快递的价格大约是本土快递价格的1/10时，我兴奋极了！因为我找到了一个天大的商机！我带着紧张的心情查询我当时读书的城市——美国克利夫兰，看看有没有华人快递，结果是没有！

我心想，如果我可以在克利夫兰开一家华人快递，那岂不是可以赚很多钱！

我继续查找哪里有离我最近的华人快递。我发现，比纽约更近的，是芝加哥华人快递总部。我预约好拜访时间，并叫上我的研究生同学（后来成了我的第一任合伙人）一起，开车六个半小时，到芝加哥面见华人快递的总经理，跟对方讲述了克利夫兰没有华人快递，但有几所高校，一个中国城，以及我们统计的本地华人的人数和浮动比例。

经过两天两夜的努力，我们弄清了做华人快递需要做的准备，以及可能会面临的困难和风险，同时也说动了那位总经理，让我们作为克利夫兰的华人快递代理。他直接坐着我们的车，跟我们一起回到了克利夫兰，帮助我们这两个新手选址，并给了我们一些具体的参考意见。毕竟在异国他乡，大部分中国人非常愿意相互帮助。

就这样，我在刚开学还没搞明白该怎么听课的时候，就风风火火地开启了第一次创业。如果我对"本地快递费贵"这件事没有敏感度，没有放大自己对这件事的不适感，没有去想背后的问题，或者虽然我意识到了，却不愿意打开淘宝去问、打开地图去找，不去行动，没有开车去芝加哥面见华人快递总经理，那么这件事就永远不可能真正落地。

所以，一定要保持敏感度，放大敏感度，不断发现问题，深入了解并且探索和解决问题。也许，你会在这个过程中，收获意想不到的惊喜。

初始投入：没有初始资金的我，该如何开启创业

我找到华人快递这个机会，非常兴奋，同时也非常焦虑。我初来乍到，连课都还没听明白，如果贸然投资去做生意，大概率会败得很惨。

我必须将这件事的所有初始投入列出来，逐项考量我能否负担得起。如果项目启动后才发现还有一些计划外投入，就会非常被动。于是，我给父亲打了电话，让他将自己多年的创业经验（尤其是前十年屡创屡败的经验）都告诉我，再把他创业经历的所有支出项，全部为我列出来（见图7-2）。

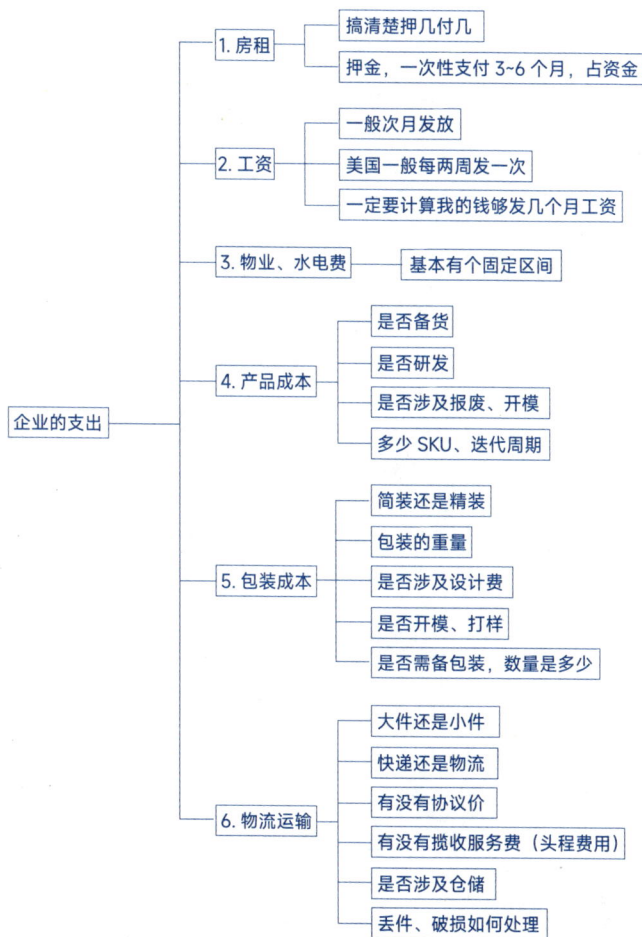

图 7-2 父亲创业的支出项

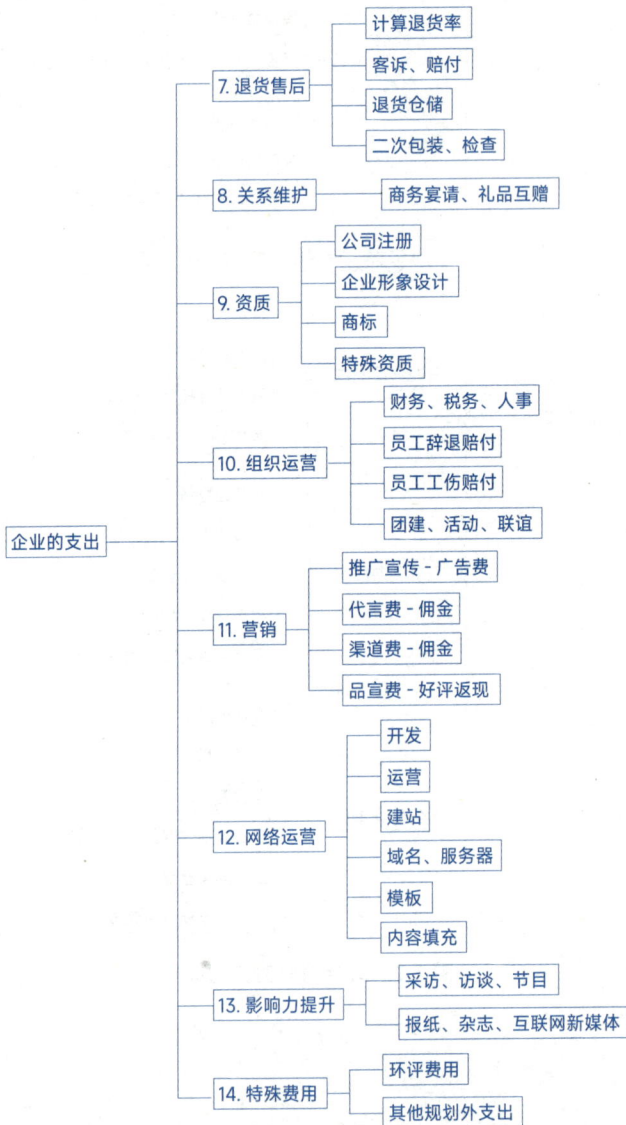

图 7-2　父亲创业的支出项（续）

打完这通电话后，我更敬佩父亲了。作为创业者，居然要解决这么多问题。更重要的是，他这么多年多次创业失败，还不服输，一直总结失败的经验，重新开始。父亲也很耐心地告诉我，这些费用将用在哪些阶段，以及什么样的情境才需要花钱。确实，其中有很多我没有想到的费用。由此可见，创业是一个需要经过深思熟虑和周密考察后，才能去做出的重要决定。

我拿着父亲给我的清单，它也许不那么全面，也许有一些部分我还用不到，但是刚刚开始创业的我必须一个个核对，并且找到对应的解决方案。

我发现，我想做的这件事相对还比较简单，因为大部分成本和问题都由总部解决。对我来说，前期涉及的成本主要有场地租金、人工工资、宣传推广、售后服务这四项。其他方面的费用占比很小，可以灵活处理。我不想投入太多初始资金，也不想让自己在"我不知道会有多少华人来寄快递"的不确定性中开启创业。于是，我针对这四项成本，又做了投资形式的拆解。

第一，场地租金。除了花钱租，是否可以采用其他办法？比如，和其他人共享场地，共摊费用？

第二，人工工资。如果直接招聘，以我的身份，会遇到很多问题。而且在刚开业的时候，客户一定不会多。既然如此，能否连员工也和别人共享呢？

第三，宣传推广。这个业务有其特殊性，那就是 99.9% 的用户都是本地的华人。那我一定要找到可以精准触达他们，又不惹他们烦（这里的华人人数有限，是熟人社会，口碑很重要），同时成本又可控的方式。于是我想，能否找到精准人群的上游，和对方深度绑定。如果我能说服他们和我共享场地和人工，那就太好了！

第四，售后服务。这件事我必须亲力亲为，因为刚开始，我必须了解很多细节和流程，才不会让事情失控。但这件事很好解决，因为大家都是中国人，都习惯使用微信。我留下了我的微信联系方式，告诉他们遇到任何问题都可以找我解决。

分别考虑了这四项之后，一个想法出现了：作为一名在美华人，我每周一定会去的地方就是华人超市。这个地方可以说是我 100% 精准的上游。去华人超市实地观察后，我发现收银台后有一块堆放杂物的区域。我看上了这块区域，觉得将它作为快递收放点刚刚合适。我还注意到，这个超市的收银员有时候很忙，但大多数时间，至少有一个人是闲着没有事情做的。如果由他们来引导寄快递的客户填写快递面单（我提前准备好填写模板和常见问答贴在桌子上，尽量减少她们的工作量），而且她们的劳动关系属于华人超市，我就可以在前期不用操心人力成本相关的烦琐问题，岂不是完美！

我鼓起勇气找到华人超市的老板（这一点也确实是身在海外的好处，至少在 2016 年，我约见华人快递总经理和华人超市的老板都没有遇到太多阻碍），跟他谈了我的想法，我希望双赢，来买东西的人可以顺便寄快递，来寄快递的人也可以顺便买东西。他听了之后，觉得是个不错的主意。但是他提出的条件是我要按月给他支付管理费。

我的父亲对我说过，做生意没有永远占便宜的事情，任何事情都是相互补偿的。如果不能达到长期的双赢，这段合作一定会以失败收场。另外，风险和收益也是成正比的。如果前期承担了更多风险，那么在收获时就有权分得更多的利益。这些朴素的语言，为当时刚创业的我建立了很重要的三观基础，也让我不会轻易错过贵人。

我对华人超市的老板说："如果您愿意前期不收我的基础管理费，我愿意将后期的收益给您多分一些。"看他有些犹豫，我向他坦陈了自己做这件事的初衷："其实，我做这个生意是因为刚到美国给家人寄东西时，发现美国本土的快递费高得离谱，我好不容易找到了可以便宜很多的途径，希望可以让更多在过年过节没办法回家的中国人，在给家人寄送自己的心意时，不用纠结于高昂的快递费。我承认，我的初始资金确实很少，但我非常希望可以将这件事情做成，所以才会鼓起勇气跟您谈。我也明白，风险和收益是成正比的，所以我才说，如果您愿意不收管理费，我会给您更高的分成比例。况且，对您来说，利用现有的场地和人员，没有增加额外的成本，却可以换来额外的收益，这无疑是一笔划算的交易。"

最终，他同意了我的提议。我心里清楚，他之所以支持我，并非仅仅为了赚快递的这点钱，而是因为看到了我真诚地为这个城市的华人群体提供便利的初衷。

经过拆解问题和努力行动，我找到并达成了用最低成本和风险、最靠近精准流量和资源的方式，开启了第一次创业。开业的第一个月，虽然客户不多，但我们也净赚了 500 多美元。后来，越来越多的本地华人知道了我们的快递业务，也有很多人因此开始做代购，我们也算是有了 B 端客户，可以提前充值。半年后，我们达到了稳定的单月一万美元以上的收入，并且将这个模式在周边的几个城市迅速复制。

所以，在考虑初始投入时，我们不只是一腔热血地决定"投"还是"不投"，而是要将所有的初始投入都做好对应的拆解，并找到最好的处理方法。创业就像一道数学题，我们要明确每一个解题步骤，然后计算清楚，才能为其不确定的概率带来更多的确定性。

划定边界：如何才能严格控制风险

2016 年 5 月，我发现很多即将毕业的学长学姐都在抱怨一件事：毕业季二手车的价格大幅下跌！9 月份买车时花了 14 000 多美元，现在退给 4S 店回收，回收价居然只有 5000 美元！这个差价也太大了！

我浑身的细胞都被"差价"两个字调动起来了（这就是我之前反复提到的敏感度）。我开始在各个网站和 App 查询历年的二手车成交数据，询问那些在美国待了 3 年以上的学长学姐，发现了一个规律：每年开学季之后的两个月，也就是 9 月份和 10 月份，二手车的价格会上浮；而到了毕业季，也就是 5 月份时，二手车的价格会下降一些。再加上私人收车的价格本来就和车行存在不小的差价。这两点加起来，如果我在每个毕业季收车，每个开学季卖车的话，可以赚 30%~40% 的差价（2018 年）。

逻辑清楚了，接下来就是执行的问题。我上网查了做二手车生意需要注意的事项，看到了很多"坑"。我知道，在资金有限的情况下，我只能挑几款最适合的车型，只收这几款，同时将这几款车研究透彻，让自己在收车时不踩"坑"。

好在我对车有一定的了解。在我 12 岁，也就是小学毕业的时候，我的父亲就带我去了一个封闭的大操场，为我讲解关于车的知识，给我讲怎么抬离合器，什么叫半联动……一满 18 岁，我就顺利考到了驾照，并且天天自己开车出去玩。所以我对车很熟悉。

虽然我对车熟悉，但也不能掉以轻心。为了让这件事更稳妥，我对以下几个方面进行拆解并做出了分析。

第一，在留学生群体中最畅销的车型是哪些？什么样的车最好卖？

第二，哪些车最保值？一定要排除价格波动太大的车。

第三，哪些车比较"皮实"耐用？一定要排除那些易出问题导致维修成本增加的车。

第四，我手上的资金有限，无法大量囤车。怎样囤车才能实现收益最大化？

第五，最怕买到事故车、泡水车，有没有办法尽量避免这样的情况发生？

因为这件事是我和多个同学一起做的，所以必须事先明确做这件事的边界，也就是做二手车买卖，要在怎样的范围内去做，比如底线是什么，哪些事是坚决不允许的，它决定了我们所有动作的操作空间，需要提前和大家达成一致。

于是，在和大家说选什么车之前，我先明确了以下几件事。

第一，我们做这件事，是为了帮助更多新来的华人留学生。我们有责任在收车时严格筛选，不能因为我们自己的失误而将事故车卖给同学。

第二，一旦发现收的车有问题，就要马上通过正规的渠道处理，不允许因为新同学不懂，就隐瞒事实卖给他们。

第三，为了确保收车的质量，我们只选择几款最有信心的车型，并且多花时间学习和钻研如何选车，在最大程度上规避我们的风险，也规避客户的风险。

明确了以上边界后，结合前文分析的 5 个选车要点，我最终决定只收毛病相对较少、比较保值，并且畅销的 4 款车。

我们开始疯狂学习这 4 款车的知识，除了上网查，也向很多国内外有经验的二手车商请教。不仅如此，我还找到了一个查询车况数据的平台，上面能查到大部分车的保养维修记录，可供我们做辅助参考。

没想到我们囤的 7 辆车在开学后被迅速抢光。买了我们车的学弟学妹表示："真的太好了！刚到美国，人生地不熟，让我去超市买东西还行，让我去买车可真是没办法，我连'排量'用英语怎么说都不知道。可以在学长学姐手上买到放心的车，价格比车行更便宜，真是太好了。"

想到自己刚来的时候没有人为自己提供便利，如今看到自己真的能帮到这些新来的同学，是非常幸福的一件事。虽然我的边界决定了我做二手车的天花板，让我只能"小打小闹"，少量收售，但是我的心里很清楚，我们这几个非汽车专业的人，能把几个车型搞明白就不错了，再扩张，那就是害人害己了。

所以，即使切身体会到了二手车有很可观的利润空间，我也没有去突破这件事的边界。我对自己的能力以及肩上能扛得起的责任，有着清晰的认知。在我当下能力没有太大变化的前提下，我不会轻易调整自己的边界。

定义问题：迟迟不出单，真的是因为我打折不够狠吗

2020 年 2 月，得知中国和美国即将暂停航班的消息后，我立刻购买了回国的机票，希望在这样的特殊时刻能够陪伴和保护家人。

回国后，我感到很迷茫，不知道自己能在国内做些什么。尤其是当我发现国内的人出门已经不带现金，而我却还傻乎乎地拿着装有 2 万元现金的钱包时，我意识到自己有些跟不上国内的潮流。

我决定，在学习国内这么多先进的"玩法"的同时，发挥自己的优势：对海外市场的了解。于是，我通过学习和向朋友求助，认识了很多做跨境电商的老板，也在诸多跨境项目中选择了一个亚马逊的户外产品项目，投了一点点资金，成了股东之一。

在这个项目中，我了解了跨境电商的很多环节：产品、物流、发货、仓储、投流、客服、私域、品牌达人等。我加入的这个团队的业务能力没得说，经常能将产品做到"品类王"。就在我觉得自己加入了一个好项目，即将走向人生巅峰时，有一个词让我觉得特别刺耳——刷单。

这个词，我相信做电商的朋友都不陌生。我虽然此前没有做过电商，但我的敏感度告诉我，这个词的背后一定有问题。因为从商业逻辑上讲，一个平台（亚马逊）不可能放任自己的资源肆无忌惮地被这种歪门邪道操控。即使现在平台不管（也许是因为当下处于发展期，平台需要更多的商家和活跃用户），但当它发展壮大时，一定会整治这样的行为。

因此，在这个项目最火热的时候（那时仅我一个人就能月入百万元），我选择退出项目的运营（2022年亚马逊大规模封店，导致整个项目亏损2000万元）。我决定重新选品，搭建一个自己的团队，做品牌，做独立站。

我每天在选品网站、数据网站、供应链网站和广告创意中心里"泡"着，分析了几十个产品，研究了几百个独立站，跑了几十家工厂，联系了几十个做跨境业务的老板和运营商，去兄弟公司要了几个不错的员工，开始做自己的独立站——定制油画。

我准备了300万元的初始资金，按照之前学到的步骤，一步步搭建独立站、找网红达人、做素材投放、不断优化产品流程及供应链等。我花了3个月时间，完成准备工作的1.0版本，具备了成交订单的基础建设。我认为，在有足够大的利润空间的前提下，只要投放广告，钱就会哗哗进账。

但几千几千美元投出去，效果却非常差。我为了提升竞争力，直接降价，按照竞争对手一半的价格来定价。我心想，这下我抢走他们10%的客户，不过分吧？但事实是，客户数量仅仅提升了0.2%，微乎其微。

这时候运营提出，要不再降价10%试试？我突然感觉不对劲，我们已经将价格降到了这么低，效果却并不明显。如果陷入价格变量的旋涡，就掉入了无底洞，我们的问题并不能真正得到解决。有没有一种可能，我们的问题压根儿不是出在价格上？

我带着这个疑问，问自己：那些愿意花几百美元买定制油画的人，到底是什么人？他们愿意买单的理由到底是什么？在这些因素里，价格因素到底排第几？

于是，我让运营人员把目前为止成交订单的详细信息全部给我，我要一个一个去了解，客户愿意花几百美元定制一幅油画的真正原因。

了解后，我发现他们定制的油画内容，很少有自己的个人肖像，几乎全是为家人定制的。再仔细研究每一个订单的备注，我发现它们有一个共同点——弥补遗憾。一位中年女性为自己的丈夫定制礼物，她将自己8年前已经去世的婆婆的照片，和自己5岁儿子的照片分别发给了我们，希望我们的画家可以将她的婆婆和儿子画在同一幅画里，最好能稍微修改一下，让她的婆婆抱着她的儿子。因为她的婆婆在 8 年前去世时，最大的遗憾就是没有机会抱抱孙子。后来他们有了孩子后，她丈夫也时常念叨"如果我妈妈还活着，看到儿子这么可爱，一定会很开心"。所以，她希望可以在丈夫生日时为他定制一幅油画，为丈夫弥补一点遗憾，让他得到一点慰藉。

很多客户定制油画的需求都是弥补遗憾。除了祖孙的遗憾，还有父女的遗憾。新娘的父亲已经去世，婚礼上新郎为妻子定制了妻子穿着婚纱、身边站着最爱她的爸爸的油画。还有科比的球迷想要画一幅与科比的合影，来弥补没来得及去看他比赛的遗憾，等等。看到这里，我才意识到，之前降价的策略根本没有打到点子上。

于是，我深挖这个卖点，将定制油画可以弥补的所有遗憾，能提供的所有情绪价值让团队一一列出，再让内容团队根据这些内容拍摄素材，最后再让投手去 [1] 做广告投放。

果然，这个类型的素材投放出去后，点击率提升了 3 倍，我们的投资回报率也从之前的 0.7 提升到了 1.4。我们复盘这些新订单，发现几乎所有客户都是为了弥补自己的遗憾来定制油画的。这说明只有找到真问题后，才能找到真正的"门"，才能正式开启解决问题的路。如果问题都定义错了，那说明连门都没有摸到。

---

[1]　投手，这里指负责做广告投放的工作人员。——编者注

全局梳理：怎样才能让创业成为一个可视化的"进度条"？

对创业这件事，我们到底应该着眼当下还是未来？答案是：在清楚地知道自己进度的前提下，脚踏实地做好当下的每一件事。我曾经在创业时没有进度条概念，因此吃了很多亏。

在找到了定制油画应该提供的情绪价值后很长一段时间，我都有点骄傲，觉得自己很厉害，发现了同行都没发现的秘密，于是将死磕业务这件事交给团队，自己则开始了跟大佬们吃饭、聊天的社交生活。

过了一段时间，我突然发现，公司账上的钱只够再发 3 个月工资了。我心里一紧，之前都没有意识到，前段时间还让我沾沾自喜的独立站，现在居然进入了 3 个月的"死亡倒计时"。即使我现在不能立刻赚钱，也必须想一个让公司 3 个月之后能赚钱、维持正常运转的办法。

在这样的状态下，我回想过去的几个月，发现自己浪费了很多时间，也没有布局中长线。如果我在项目最开始时就对这件事做全局梳理，让自己有清晰明确、可视化的进度条，就不会像现在这样被动了。

梳理项目的进度条也很简单，我一般会用甘特图制作项目进度条（见图 7-3）。

子璇老师知识付费出海项目甘特图

产品	任务名称	开始日期	结束日期	持续时间	完成
1	课程大纲中文版	2024/2/7	2024/2/9	3.0 日	0.0%
2	课程大纲英文版	2024/2/19	2024/2/19	1.0 日	0.0%
3	课程逐字稿中文版	2024/2/10	2024/2/16	7.0 日	0.0%
4	课程逐字稿英文版	2024/2/20	2024/2/22	3.0 日	0.0%
5	课程PPT中文版	2024/2/17	2024/2/20	4.0 日	0.0%
6	课程PPT英文版	2024/2/23	2024/2/24	2.0 日	0.0%
7	课程录制	2024/2/24	2024/2/29	6.0 日	0.0%
8	课程剪辑	2024/2/24	2024/3/1	7.0 日	0.0%
9	课程简介	2024/3/1	2024/3/3	3.0 日	0.0%
10	老师简介	2024/3/1	2024/3/3	3.0 日	0.0%
11	课程封面	2024/3/1	2024/3/3	3.0 日	0.0%
12	上架（海外版学浪、独立站）	2024/3/4	2024/3/10	7.0 日	0.0%

流量+成交	任务名称	开始日期	结束日期	持续时间	完成
1	投流素材（1.素材2.BGM3.买家秀4.剪辑）	2024/3/10	2024/3/16	7.0 日	0.0%
2	主号账号运营	2024/3/17	2024/3/24	8.0 日	0.0%
3	子璇老师口播视频3q/周（发布3/天）（持续产出）	2024/3/1	2024/3/1	1.0 日	0.0%
4	口播视频选题（持续产出）	2024/3/1	2024/3/1	1.0 日	0.0%
5	口播视频逐字稿中文版（持续产出）	2024/3/1	2024/3/1	1.0 日	0.0%
6	口播视频逐字稿英文版（持续产出）	2024/3/1	2024/3/1	1.0 日	0.0%
7	口播视频录制（持续产出）	2024/3/1	2024/3/1	1.0 日	0.0%
8	口播视频剪辑（持续产出）	2024/3/1	2024/3/1	1.0 日	0.0%
9	矩阵账号（短链、Linktree）	2024/3/17	2024/3/18	2.0 日	0.0%
10	流量素材（持续产出）	2024/3/17	2024/3/17	1.0 日	0.0%
11	流量视频选题（持续产出）	2024/3/17	2024/3/17	1.0 日	0.0%
12	流量视频文案（持续产出）	2024/3/17	2024/3/17	1.0 日	0.0%
13	流量视频BGM	2024/3/17	2024/3/17	1.0 日	0.0%
14	流量视频标签	2024/3/17	2024/3/17	1.0 日	0.0%

图 7-3　用甘特图为项目制作进度条

有了它，我对项目的把握便更精准了。

用进度条梳理完毕后，我列出了在接下来的 3 个月，项目需要提升和完善的几个方面。

第一，优化供应链，提升油画出品质量，提高优质画家数量和出货效率。

第二，优化交付流程，尽量将之前 30 天的交付期缩短成 25 天。

第三，优化流量和渠道，提升投资回报率，提升品牌势能。

第四，提升私域转化，提升转介绍与复购。

接下来，我就将自己这 3 个月的时间，拆分给以上这四件事。

拆解问题：如何实现一条视频带货 50 万美元

其实，上述的进度条我执行得并不顺利，因为之前没有进度条意识，到了最后 3 个月才反应过来。我踏踏实实地去做了我拆解出来的每件事情，却没有迎来转机。

眼睁睁地看着初始资金全部花完，如果要继续做这个项目，就要每个月补 20 万元左右支付员工工资等费用，这也许就是个无底洞；但如果不继续，就意味着我要宣告失败和认输，前面投入的 300 万元也就只能认亏了。说实话，我不想这样。

我认真思考后，发现供应链、产品、流程、私域等方面都已经优化得差不多了，唯一没有亲自深入挖掘的就是短视频的内容。我很清楚，要想翻身，付费投流是最快的；但是如果投流的素材不好，就是在浪费钱。我很舍得花钱投流，但前提是这段视频素材必须值得我花钱投流。

因此，我认为此时最应该解决的，就是即将为其花钱投流的视频广告素材。既然如此，我决定本周将其他事务放在一边，直接搬凳子坐到剪辑人员的旁边，专心和她一起打磨视频素材。

于是，我便专注于打磨素材，将这件事做到无可挑剔的程度。因为我不是学影视剪辑的，也不懂剪辑的专业知识，只能从画面、色彩、背景音乐、字体大小和颜色、播放速度等方面将要素拆解，只要能调整的，我都一个个调整、应用。我们经常会为打磨一条20多秒的视频素材花上一整天的时间。

我心里清楚，一条真正优质的视频素材，带来100万美元的销售额都是有可能的。所以即使一个一个剪，一帧一帧抠，也非常值得。所以接下来的5天，我还是沉下心，每天沉浸8小时，只为打磨出自己满意的视频素材。

对短视频内容死磕了6天后，我将打磨好的6条短视频发给投手，并交代他这一次可以用3倍的初始预算来投放这6条视频。而我心里也很清楚，这将是我的最后一次机会。如果我用尽浑身解数，都无法让好的结果发生，那只能说明我没有将这个项目运营好的本事，就只能认输了。

第二天醒来，我看到手机短信通知惊呆了，真的爆单了！我马上打电话问投手情况，他说："迪姐，你给我的新素材太牛了！我们的投资回报率目前是2.9！"这就意味着，我们每花掉1000美元的广告费，就会有2900美元的入账。我们终于敢放量了！我也终于有底气说一句："预算拉满。"我也迎来了属于自己的"爆单时刻"。

后来，我让剪辑团队按照我打磨素材的规则去剪辑，复制我探索出来的内容形式。到了年底，仅定制油画这一单品，就达成了销售额破亿元。我们统计后惊喜地发现，当初我带着剪辑人员一起打磨的第一条视频，单条视频的带货金额（有配合广告投放）就高达 50 万美元！

这就是拆解的功劳。即使我没学过剪辑，也可以将它拆解成画面、色彩、音乐、字体、颜色、速冻等。如果还不够，我还可以一帧一帧地去拆解、去修改，直到对每一帧都满意。从那以后，我发现没有什么问题是我解决不了的。世上无难事，只要你肯拆。

解决问题：一旦凿出了"第一缕光"，剩下的就是努力创造奇迹

在创业中，最开始的从 0 到 1，探路试错，是需要创始人亲力亲为的。创业就像是把我们关在了一个暗无天日的暗室中，作为老板，我们需要亲自带着工具下场干活，将第一缕光凿出来。当我们成功凿出光明时，就可以对自己的团队说："伙伴们，我找到出路了！大家一起努力吧！"这样，就能让团队所有人的力气都往一个方向使，进而开辟出一条康庄大道来。

其实，解决问题本身是最简单的。只要你发现了问题、正确地定义了问题、拆解了问题，问题的解决方案就会自动浮现。接下来唯一需要做的，就是刻意练习、努力创造奇迹，让量变引起质变。

探索出新的素材形式后，我将它们总结成了一套标准程序，并培训了我的

剪辑团队。接下来，团队复制了我的做法，不断将胜利成果放大，才取得了不错的成绩。

复盘迭代：萃取踩"坑"经验，复制成功模式，再来 N 次

在做了定制油画项目后，我又用同样的逻辑做了新的独立站、TikTok 等多个自营项目。我想将自己的经历总结出来，一则我可以将它们复制到其他项目上，二则可以帮助其他和我一样做跨境电商的人少踩"坑"。

我决定将定制油画和 TikTok 小店运营这两个最重要的自营项目交给合伙人去操盘，而我自己则抽身出来，看能否寻找到真正拥有好产品的厂家或供应链，我们强强联合，一起出海。如果能做到这一点，既可以让这些中国工厂毫不费力地将产品卖到海外，也能够减轻我们对供应链的管理成本和囤货压力，大家实现双赢。

为了更高效地达成这个目标，我首先花了 3 个月时间，萃取出我对 TikTok 的实操经验，将它们写成一本书《TikTok 爆款攻略》并出版。很多读者在看完我的书之后，了解到我是真的有实力，从而主动寻求合作。这样，我就多了很多愿意主动上门的资源或客户，大幅提升了寻找好项目的效率。

降本增效：资源复用＋管理杠杆＋工具杠杆，三箭齐发

找到了好的方向，也有优质伙伴源源不断地找我，接下来就是怎样将这件事情落地并放大了。

要想放大一件事，必须有杠杆，不能只靠我一个人的力量。我便对最能帮助我的杠杆做了拆解。

第一，资源杠杆。在过去几年做跨境电商的过程中，我花了大量时间、精力和金钱，积累了很多可以复用的资源，比如网红资源、物流资源、仓储资源、协会资源等。做新项目时，这些现成的资源可以直接复用，不仅加快了项目进度，还确保了运营的可靠性，并降低了成本。

第二，管理杠杆。调整之后的模式，跟之前自营的项目有很大的差别。对于自营项目，我扮演的是将军的角色，其他员工则是我招募的兵，他们遵循指令完成任务即可。然而，如果我希望与拥有强大产品或内容的商家和专家一起做出海项目，那么我就需要多个将军，说白了就是复制多个我自己，才能让这个模式更靠谱、更稳妥。我决定招收出海项目的操盘手，先筛选后培养，让他们在实际项目中学到我的项目操盘本领，跟我一起让优质国货畅销海外。

第三，工具杠杆。如果我要同时操盘多个出海项目，我的团队一定要非常善于使用工具杠杆。如果能在多个环节上用人工智能去代替，那么做项目

的效率和速度就会比别人快很多，成本却比别人低很多，项目的成功率自然也会比别人高很多。

以 2024 年的新增业务板块"知识付费出海"为例，该板块涉及将我们的课程或服务推广至海外市场。这些课程可以是中文的，卖给海外华人群体；也可以是外文的，卖给外国人。我之所以会新增这个业务板块，是因为在做跨境电商的基础上售课，有很大的优势：无须囤货、无须物流、无须退货仓、无须太担心盗版、海外流量大、外国人有付费意识、客单价高，等等。

为了让团队效率更高，更快地取得成果，我将知识付费出海项目的所有环节全部拆解出来，将其中能使用 AI 工具杠杆的部分罗列出来，并且寻找对应的工具来替代。

布局并使用好上述三大杠杆，让我对出海项目操盘这件事非常有底气，无论是产品出海还是知识付费出海。

取得成果：开创本领域对赌合作模式，找到属于自己的使命

在寻找优质出海项目的过程中，我发现了一个非常重要的问题：那些真正想认真开展项目的企业很容易陷入各种陷阱，而有实力的操盘手，又总会被那些并没有真正下定决心好好经营的人耗尽时间和精力。

为了避免这种情况发生，我决定直接用对赌的方式寻找优质合作伙伴！

这意味着，跟我合作出海，无论是产品出海、品牌出海、服务出海，还是知识付费出海，项目赚的钱，我们按照一定的比例分成；如果项目没有赚到钱，所有的运营过程中的损失由我来承担。

我这样做，有以下几点好处。

第一，我可以用最简单的话，让合作方明白我的实力，他们没有决策成本，我也无须过多解释。

第二，更加克制自己，不能为了扩张不顾质量，提高筛选的门槛，选择成功率最高的项目合作。

第三，真正有实力、有好产品或好内容的合作方，一定会将我作为第一选择。

第四，我有更多的机会筛选到真正有实力的合作伙伴，那么，我的项目成功率也会因此更高。

我也一直记得，在当年第一次创业做华人快递时父亲对我说过："事业不是靠小聪明来做的，如果不是共赢的关系，那么合作迟早会破裂。"这句话陪伴我这么多年，让我一直受益。所以，我坚信不应该赚自己合作伙伴的钱，而是要与他们一起赚外国人的钱，然后分成。

果然，调整了合作模式后，很多真正有实力的企业和个人都主动找我，希望有机会被我选上。虽然我用严格的筛选机制把大部分想交学费的人挡在了门外，但是我每一步都走得很扎实。

在筛选合作伙伴的过程中，我接触了很多之前没有接触过的产品、服务、课程。让我不禁感叹：中国的产品真的很强！中国的智慧真的很强！帮助中国的好产品出海，是一件一想到它就让我浑身充满动力的非常酷的事情。我愿将它称为"我的使命"。

现在，我已经用拆商思维，带你走了一遍我的创业历程。相信现在的你，一定对拆商有了清晰的认知。我想邀请你将你所理解的拆商写下来，反馈给我。

恭喜你，已经读完了《拆商：解决你人生 99% 的难题》这本书！在本书的最后，我想送给你一段话：

我希望每个人都能够通过拆商，增强自己的人生话语权。因为人生所有的问题，都可以被拆解，不要被大大小小的问题难倒，不要陷入无力感。同时，我会给大家提供思维方法。

在项目中，我们要多条线并进。所以，你不可避免地需要考虑更多。如果你只是一个普通的工作者，一个刚毕业的大学生，希望未来可以更好地掌控自己的人生，你不用被我说的模型吓倒，从现在的每一件小事情开始拆解，你就能切身感受到拆解的巨大力量。

人人都希望自己的人生一帆风顺，但在这个世间，不可能有这样理想化的情况。我希望你可以用拆商去武装自己。不是说有了拆商，你就可以一帆风顺，而是当你遇到风浪的时候，拥有拆商，你就能乘风破浪，砥砺前行。